湖南省“十四五”教育科学研究基地——乡村教育研究（乡村教师发展方向）成果

明清时期学校教材研究

——基于文本的考察

刘爱华　著

湘潭大学出版社
XIANGTAN UNIVERSITY PRESS

图书在版编目（CIP）数据

明清时期学校教材研究 ：基于文本的考察 / 刘爱华著. -- 湘潭 ：湘潭大学出版社，2023.12
ISBN 978-7-5687-1391-7

Ⅰ. ①明… Ⅱ. ①刘… Ⅲ. ①教材－教育史－研究－中国－明清时代 Ⅳ. ①G423.3-092

中国国家版本馆CIP数据核字（2024）第043307号

明清时期学校教材研究——基于文本的考察

MINGQING SHIQI XUEXIAO JIAOCAI YANJIU——JIYU WENBEN DE KAOCHA

刘爱华 著

策划编辑：丁立松
责任编辑：丁立松　李玉洁
封面设计：张丽莉
出版发行：湘潭大学出版社
社　　址：湖南省湘潭大学工程训练大楼
电　　话：0731-58298960 0731-58298966（传真）
邮　　编：411105
网　　址：http://press.xtu.edu.cn/
印　　刷：长沙创峰印务有限公司
经　　销：湖南省新华书店
开　　本：787 mm×1092 mm 1/16
印　　张：9.75
字　　数：243千字
版　　次：2023年12月第1版
印　　次：2023年12月第1次印刷
书　　号：ISBN 978-7-5687-1391-7
定　　价：58.00元

序

教材是课程研究领域关注的重点，教材建设也一直受到国家高度重视。从“庠序”到太学，从西周国学到当代学校，我国有着历久弥新的教育发展史，也有着独具匠心的教材建设史。中国古代传统教材是新时代教材改革与创新不可替代的文化源流，遗憾的是，虽然已有部分学者开展了中国古代传统教材的研究，但对明清时期的教材缺乏专门的探讨，有待进一步开展深入的研究。

明清教材在宋元教材体系的基础上予以改版，并新编了一批经典教材，是中国古代教材集大成者，倾注了明清统治者与精英知识分子的教育理想，折射出了中国近五百年的教育发展轨迹，是明清历史时期教育生态的高度总结和生动反映，深度隐含着关于中国教育的永恒思考，为当代教材中淡化的趣味性和文化感寻觅文化体验。

根据教材研究的特点，本书在系统梳理明清教材体系的基础上，直接面向一本本教材的文本，用多元的视角考察分析了明清时期学校教材的发展背景、影响因素、知识体系、编撰特征与实践价值。

在本书第一章绪论部分，阐述了明清教材研究的意义，整理了明清教材专门研究、当代教材理论与实践研究成果以及与本书有关的其他文献，并确定了研究思路：在收集与整理明清教材史料的基础上，从社会和文化视角分析其嬗变与发展，从知识视角梳理其知识类型与框架，从教育价值视角分析其文本的编撰特征，从实践视角归纳与总结对当代教材建设的启示，各阶段研究层层递进，朝向现实的借鉴价值归拢。

第二章从两个方面解析了明清教材体系的嬗变与发展：一是明清思想流变与教材发展。程朱理学占据统治地位导致了以理学为宗的教材体系的形成与续接；陆王心学的崛起使教材增加了更多注释之本，在一定程度上加强了经义之学的民间传播；颜元实学的涌现使明清教材呈现了专科式发展的萌芽，丰富了明清教材的知识体系。二是明清文教政策与教材发展。政教合一不仅使诸多律法类、文体类文本成为官方教材，而且导致部分教材成为科举的附庸，强化了部分教材的功利性和保守性；书院讲学形成了一批具有高度思想性或应用性的著作式教材，书院藏书更是极大丰富了明清教材的版本与存量；文学复古运动与训诂考订之风使明清两代学者为整理中国古典文化作出了艰辛的努力，不仅使古代教材总量达到巅峰，也造就了中国文化史的巨大成就。

第三章对明清期间官学教材、著名书院教材和蒙学教材进行了系统梳理，并对主要教材的作者、产生背景、主要内容、历史影响等内容进行了介绍，共整理明清教材70余本。

第四章对明清教材的知识指向与存量进行了解读，将明清教材的人物及事件文本、人文与经义文本、律法与礼仪文本、诗词与文体文本、科技与数理文本所展现的知识进行了分类呈现，并结合具体的文本进行了解读与分析。

第五章分析明清教材文本编撰特征，从“存量”“呈现”“表达”三个层面解析了明清教材文本的教育性。明清教材文本存量是“丰富”的，是基于生活应用的百科读物，并凭借丰富性帮助学习者走向整全的生活、生动的实践及价值意义的生成；明清教材文本是基于百家之言的启蒙与建构，错落有致的内容布局和言之有理的历史论证显现了朴素的说理风格；明清教材文本是基于诗词歌赋的文化隐喻，韵律与诗词、典故与神话能给予学习者广泛的想象与思考空间。

第六章是在分析明清教材文本的教育性的基础上，揭示了理想教材的文本模型。理想的教材文本作为本土文化的基因应是“活性”的知识，具有知识体系、表达呈现、接收逻辑三个基因链；教材文本作为知识的载体应实现价值超越，作为客体与他者的关系价值是教材文本的功能指向。教学生态是教材价值超越的藩篱，个体的认知建构是如何实现价值超越的心理逻辑；教材文本要来源于本土文化，并作为本土文化的组成部分予以表达和呈现，“文以载道”作为中国文化的表达模式应予以回归，“由博返约”是中国古代教育的有益经验应予以应用，教材文本以“厚”为导向是“最经济”的教材本土化原理。作为中国古代教材的典型代表，明清教材警示了部分当代教材文本的粗放性与空泛性、文本表达的抽象性与直接性、文本选材对中国文化的疏离性与固化性。

明清教材是在明清时代产生和流传的，其浸润的封建糟粕应予以批判和摈弃；明清教材属于明清时代，不能施以“拿来主义”，要予以现代性转化和创新性发展。本书最后指出，未来教育的知识获取方式和传授方式、教和学的关系都在发生革命性变化，未来的教材也正面临新一轮的改革创新与发展诉求，明清教材是中华传统文化的永恒瑰宝，为新时代教材改革与创新提供了独特的创新视角和文化关照，具有重大的借鉴意义。

目 录

第一章 绪 论

第一节 问题提出与研究意义

教育是个体发展与社会变迁的中介活动，必然带有所处时代的特征，从“庠序”到太学，从西周国学到当代学校，都是社会发展与时代变迁的产物，社会的进步革新与创新发展必然会对教育提出新的要求。[①]

近年来，大数据、人工智能、5G等新一代信息技术的运用与普及在不断改变着新时代教育的格局，使知识获取方式和传授方式、教和学的关系都在发生革命性变化。在此背景之下，学校教材也正面临新一轮的改革创新与发展诉求。学校教材是课程领域关注的重点，学校教材建设也一直受到国家的高度重视，我国有着漫长的教育历史，也有着独具匠心的教材建设史，我国古代学校教材是新时代教材改革与创新不可替代的文化源流，但遗憾的是，虽然有部分学者开展了对中国古代学校教材的研究，但对明清时期学校教材（以下简称‘明清教材’）缺乏专门的探讨，有待进一步开展深入而系统的研究。

一、问题提出

（一）明清教材研究有待进一步深入

回顾历史，我国古代对世界教材建设与发展有着重大的贡献，如：较早创制了象形文字，并会用甲骨、陶器、竹简、帛绸、草纸、钟鼎等材料传载；发明印刷术，推进世界教材制作技术发展，与此同时，研制了世界上最为系统和成熟的识字教材，最先设计出文图相配的教材，并在教材的科学化、教学化、心理化方向上有所探索。

在我国古代教育的发展过程中，作为教育内容的教材一直被封建统治者和教育家们所重视。[②] 对古代学校教材开展研究，可以从当代惯性的认知中抽离出来，避免削足适履式

---

① 曹培杰. 智慧教育：人工智能时代的教育变革［J］. 教育研究，2018（08）：121－128.

② 熊承涤. 中国古代学校教材研究［M］. 北京：人民教育出版社，1996.

的当代教科书式叙述。但是，作为封建伦理文化的代表，我国古代学校教材有其先天的封闭性和落后性，因此曾一度被国人所排斥，部分教材甚至被束之高阁，尘封了一个世纪之久，这导致我国古代学校教材专门研究总体上比较薄弱，研究不够深入，大部分研究只是散见于中国教育史、中国传统教育思想等专著之内，且研究内容与层次比较雷同。明清时期是两千年宗法君主集权社会的晚期，明清时期文化以“袭常与新变”概括，使中国古典文化进入了总汇期[①]，且大部分以教材的方式被留传与保存下来，但明清教材的专门研究很少，明清教材的形成背景、发展状况，明清教材的类型与特点、知识范畴与表达方式以及相应的教育价值等方面均缺乏比较深入的探讨。

明清教材在宋元教材体系的基础上予以改版与新编，倾注了明清统治者与精英阶层的教育理想，堪称教化民众的教育资源库。明清时代“三、百、千”被广为传诵，人们以诗为媒、以文会友的生活图景是常态，教育即生活成为几百年以来的惯例，对此明清教材文本功不可没。在明清教材体系中，一部不到万字的蒙学教材，能与一部当代的百科全书相媲美；“墨为松使者，纸号楮先生”，启蒙教材《幼学琼林》中一个普通的句子，就能折射出中国文字的独特风骨，展现明清蒙学教材文本编撰者的独特智慧。作为中国传统文化的典型代表，明清教材折射出中国近五百年的教育发展轨迹，是明清历史时期教育生态的高度总结和生动反映，深度隐含着关于中国教育的永恒思考，为当代教材中淡化的趣味性和文化感寻觅历久弥新的文化体验。明清教材内容与结构以及其所典藏的独特韵味值得推敲与深思，不仅能洞悉传统教材中的本土文化格局，更能提供扩展当下教材建设可能性的思考空间，其所具备的教育经验及珍贵价值都有待进一步揭示并予以借鉴。

（二）当代教材及其本土化研究有待进一步拓展

教材像是一个社会的理想寄托，不论是国家权力机制还是精英知识阶层，都愿意并力图通过这种形式塑造理想的未来民众[②]。科技发展在不断改变全球范围内的教育与学习背景，教育正在发生重大变革。无论是 21 世纪以来世界各国所建构的“核心素养”，还是 2017 年联合国教科文组织提倡的“反思教育：向‘全球共同利益’的理念转变?”，都是为应对新的学习背景而提出的教育变革诉求。信息化背景下的知识既是丰富的，也是可以被瞬间复制与传播的，未来的教材在知识传播领域中应当承担什么样的功能与角色，未来的教材与教师、学习者的关系将会导向一个什么样的变化，教育者都希望有一种更好的教材形态来镶嵌其中。在教育体系中，教材的角色可以以小见大，见微知著；从教育理念来看，教材是课程与教学论思想的载体，是课程与教学思想的具体反映；从教育实践来看，教材又是师生教与学等活动的主要工具和基本依据。因此，教材是全面提高人才培养质量的关键因素，是教学理论付诸实践的中介，也是教育理论研究与实践探索的结合点。

教材是课程与教学领域研究的重要组成部分。目前我国教材研究以及教材理论研究还处于上升期，教材研究与具体教育实践联系不够紧密，现实借鉴价值有待进一步增强，结

① 冯天瑜．明清文化史散论［M］．武汉：湖北人民出版社，2018．

② 毕苑．中国近代教科书研究［D］．北京师范大学．

合具体学科的研究也有待丰富，教材的本土化研究与实践也有待进一步拓展。[①] 2017年颁发的《关于实施中华优秀传统文化传承发展工程的意见》指出，在我国经济社会持续深刻变革、新媒体以及互联网技术快速发展的时代背景下，中华优秀传统文化的重要性进一步凸显。[②] 进一步增强文化自觉和文化自信，构建具有中华优秀传统文化价值内涵的课程和教材体系是教育改革的重要任务之一，这既是新时代课程与教学本土化改革的客观需要，也是课程与教学理论本土化发展的内在诉求，建设具有中国本土特色特别是中华优秀传统文化底色的课程与教学论是课程与教学论工作者努力追求的目标。

无论如何，“立德树人”始终是我国教育的根本目的，如何在多变、复杂和矛盾的世界里达成“立德树人”这一根本目标，中国古代传统教材文本既提供了广袤的教育资源，也展示了独特的编撰智慧。回眸传统，寄希望于“今古相融”，这无疑是当代教材改革与发展最有价值的研究与实践。新时代的教育呼唤中国本土化教材研究的发展与创新，这已上升为教育学领域重要的研究主题，探索具有中国本土文化根脉以及中国古代教育传统底蕴的教材理念，并由此为当代课程与教学领域实践提供实践参考，是新时代教育领域不容回避的紧迫课题。

（三）教材文本书有待进一步开启

在教材研究领域，有相当长的时间存在这样一种默认式的统一假设，即一致认为没有必要对教材本身提出问题，教材本身就是经典和真理，已经成为权威而不需要置疑或探讨。因此，对教材文本的研究集中在教材知识的系统性、文字的正确性、容量的适宜性、图文编排的美感等方面，也就是集中在教材文本的标准这个维度，而未能将教材文本本身作为一种特殊的文本对待并开展研究。

教材文本在整体上传递着价值观与意识形态，具有教诲性、阅读的特殊性、文本结构的整体性和文本实现的非连续性、读者的两极性及文本构建的标准性等特征。[③] 作为教材的物态呈现方式，教材文本应有强大的学术批评，在更多具体的教材研究基础上建构应有的研究起点与研究框架。在具体的教育实践里，教材文本是教材的载体，是发挥教材功能与价值的载体，是教材编制理念与教育实践落地的最后一公里，是面向千千万万的教育者、学习者甚至是阅读者的文本，教材文本的特质决定了教育的成功与否与水平高低，具有不可替代的重要地位与作用。因此，教材的创新与发展必定离不开教材文本的创新与发展，需要进一步开启面向教材文本的具体研究。

将教材文本作为既定“标准”来研究不利于教材研究的突破。教材文本尚需要更多“真”的研究。面向教材文本的“真”的研究，就是要拓展教材文本视野，从聚焦标准走向更多的“发散”，从聚焦教材文本的标准研究转向更多具体的研究。教材文本的内容分布、知识结构、表达逻辑、呈现方式、文化隐喻等都可以成为教材文本研究的内容，教材

① 曾天山．教材论［M］．南昌：江西教育出版社，1997.

② 石鸥，张增田．教科书评论［M］．北京：首都师范大学出版社，2014.

③ 石鸥，石玉．论教科书的基本特征［J］．教育研究，2012（04）：92－97.

文本研究还可以结合具体的学科教材或具体的教育场域来进行。总之，在整个教材研究领域，应赋予教材文本更重要、更关键的主体地位，从而使教材的文本研究成果不仅服务于教材建设与发展，也能服务于具体的教学实践甚至其他与教材研究相关的领域。

二、研究意义

明代与清代既是秦汉以下封建帝制系列的末端，又是近代社会的萌动时期，也是中国史上连续统一时间较长的阶段。两朝皇权制度完备，攀登至君主集权制的顶峰，也达到农业文明的最高水平，以郑和七下西洋和西方传教士来访为代表的国际环境也异于封建王朝往昔，明清时期的制度与文化也为近现代中国提供了最直接的文化遗产。[①] 这些都使明清两代在中国历史上浓墨重彩，具备独特的历史地位。

从朱元璋提出“朕谓治国之要，教化为先。教化之道，学校为本”开始，明清施行高度专制独裁的文教政策，且特别重视学校的控制与建设。在此社会文化背景下，明清教材具备了先天的发展基础与广阔的施展空间，相对前期各代，明清教材肩负着时不我待的历史使命，经历历代文人志士的艰辛努力，成为中国古代封建社会学校教材之集大成者。但到目前为止，明清教材仍缺乏具体或更深入的系统研究，是我国教育史研究和中国古代学校教材研究中比较薄弱的研究区域，而新时代的教材建设与发展需要回眸传统，从中国古代文化中寻找原迹和灵感，进一步挖掘中华优秀传统文化的价值内涵，开展明清教材研究具有重大的理论价值和实践意义。与此同时，从文本考察角度来研究明清教材文本，既能探讨明清教材作为教材文本的独特价值，也能兼顾寻求具有史学特征的明清教材文本的多元价值。

（一）进一步夯实明清教材研究

中国古代教材研究是我国教育史研究和教材研究的重要组成部分。中国古代教材研究尚不够深入，对明清期间的教材也缺乏专门而深入的研究。明清期间的教材是中国古代教材的集大成者，衍生于两千多年封建社会的末世，积淀了珍贵的精神财富和历史素材，是中国人民思想观念、风俗习惯、生活方式、情感样式的集中表达，滋养了独特丰富的文学艺术、科学技术、人文学术，至今仍然具有深刻影响。

深入开展明清教材研究，是在前人对明清教育的认识及研究基础上，系统梳理明清时期各类学校教材的存量、背景、内容及历史影响，分析与探讨在近五百年教育情境中扮演主要角色的教材及其文本的功能与价值。开展明清教材研究，且是从文本考察的角度来开展研究，是在面向一本本教材的来龙去脉、一页页具体的教材文本内容与特征的基础上，进一步理清明清教材体系的嬗变与发展，探讨明清教材的知识体系与文本特征，从而形成明清教材的专门研究成果，这将进一步扩大和深化对中国古代教育史、教材史的研究，相关研究成果具有一定的史学研究和教育学研究价值，具有重大的研究意义。

---

① 冯天瑜. 明清文化史散论［M］. 武汉：湖北人民出版社，2018.

（二）进一步拓展教材文本研究

教材文本研究是教材研究的具体化。事实上，迄今为止，文本形式仍然是历史资料重要且不可替代的存在方式，尽管历史上的文本常常被认为是属于过去的事实，仿佛一个被固定的物件，但文本并不是过去或完成了的东西，而是构成个体当下思想的基本条件。在一定的条件下，文本所构建的历史与现实是相对统一的。因此，在某种程度上，对历史的研究就是个体对生命或生活意义的追问，而对某个时代的教材文本的研究，就是对某个时代的教育最贴近的追问与思考。

对照当下教材现状，只有不断改革和创新，才能适应社会对知识传播和创新、人才培养的现实要求。中国古代教材的文本积累与发展有着漫长的成长历史，具有史学式的文化属性，而这种历史的借鉴对于当今教材改革和创新具有十分重要的价值。史学具有的展现性、思辨性、应用性和人文性四大功能，分别体现了其基本价值、本体价值、应然价值和精神价值①，明清教材文本作为研究教育发展历史的重要史料，也应揭示其展现性、思辨性、应用性和人文性四大功能，从而发挥基本价值、本体价值、应然价值和精神价值。对明清教材文本的考察，可以在充分展现其全貌的基础上，抛开对其常用的“为封建统治阶级服务”整体性的、比较抽象笼统的评价，而是虔诚而敬畏地打开一本本教材，直接地面向这些被尘封的文本，尝试整理其中的事件、人物、经义、礼制、规范、天文、地理、技艺等知识和素材，探索它是如何呈现与表达的，以便发现更多被束之高阁的教育史料，进而澄清明清教材的知识体系与内容框架；通过分析其中的经典文本，将其作为教育的例证来探索教材的文本特征，从中汲取可借鉴的教材建设经验，为当下教材改革与实践提供真实的依据或凭证。整体而言，以经典的古代教材文本作为研究对象，是探索与展现我国古代传统教材的现实借鉴价值的有益实践，这种探索型研究进一步拓展了教材文本，是一种符合现实需求的有益尝试，也是将文本作为“教育”的一种独特文本来进行研究，是区别于作为“美学”的文本和作为“文学”的文本的一种探索型研究，具有开创性的研究意义。

（三）为当代教材建设与发展提供借鉴

中国古代教材有着独具匠心的建设史。“我非生而知之者，好古，敏以求之者也。”②关于中国古代教材编撰，最早的源头可以追溯到孔子如何编撰六经。孔子钟爱古代礼乐文化，对其阐述而不妄作，对照一定标准和原则取舍，且未随俗谈鬼神，有效回应了孔子时代“周室微而礼乐废，诗书缺”的现实诉求，其编撰的原则性、民族性和目的性被后世称为编纂史书的典范。③

古往今来，每个时代的发展与进步都会对教材的建设与发展提出新的诉求，并呈现出不同的发展脉络。2020 年 9 月，教育部召开首届全国教材工作会议，提出新时代的教材

---

① 张传燧.《教育史学》的反思与重构［J］. 华东师范大学学报（教育科学版），2001（01）：81—86.

② 刘兆伟.《论语》通要［M］. 北京：人民教育出版社，2008.

③ 赵伟，张妍. 孔子的教材编纂思想、实践与启示［J］. 中国编辑，2018（08）：86—91.

建设应进一步加强铸魂育人、关键支撑、固本培元、文化交流等功能和作用。① 如何进一步优化这些功能与作用，成为这个时代教材理论研究与实践探索的重大主题，而回眸传统，今古相融无疑是改造的必要路径之一。基于文本考察的明清教材研究，对明清教材进行理论审视与分析，旨在分析明清教材的嬗变与发展，阐明明清教材的知识框架和体系，探讨明清教材的文本特征并给予现代性的教育阐释，形成可借鉴的建设思路与创新路径，为当代教材建设与发展提供借鉴，这种针对古代教材“走进去后走出来”的研究是对中国优秀传统文化的创造性转化与创新性发展的具体实践，具有重大的研究意义。

第二节　文献综述

作为中国古代学校教材研究的重要组成部分，明清教材研究已被部分研究者所涉及，主要散见于语文教育、教育史以及教育思想史等研究领域的专著或学术论文之中。结合本书目的：一方面理清已有的明清教材专门研究成果，对明清教材专门研究进行文献整理；另一方面为确保教材研究的方向性与科学性，整理了有关教材（教科书）研究的文献，其研究基础作为明清教材研究的框架或依据；另外，对教材文本研究所涉及的文本理论及实践研究进行了梳理。

一、明清教材专门研究

国内针对明清教材的专门研究较少。针对明清教材的专门研究仅有张志公的《传统语文教育教材论——暨蒙学书目和书影》、熊承涤的《中国古代学校教材研究》、吴洪成的《中国古代学校教材史论》这三本著作中关于明清教材的部分，以及其他学者的学位论文及学术论文对明清教材部分的研究。

（一）张志公《传统语文教育教材论——暨蒙学书目和书影》关于明清教材的研

在张志公的《传统语文教育教材论——暨蒙学书目和书影》中，研究认为语文能力分为“初期识字教育和写字训练”“识字教育与思想教育、知识教育相结合”“初步的读写训练”“进一步的读写训练”四个阶段，并以此为据对中国古代传统语文教材分段介绍。显然该著作的研究内容是传统语文教材，但由于明清教材是中国古代教材集大成者，因此可以称其为研究明清语文教材的专门之作。该著作在整体分析上注重对每本教材寻根溯源，揭示每本教材演变与发展过程。据统计，涉及的明清教材共 24 本，该著作在结合教材文本分析的基础上，总结和分析古代语文类教材在语文教育方面的优越性与局限性，并形成

① 教育部. 全面提升教材建设科学化水平，教育部召开首届全国教材工作会议［EB/OL］. http：//www. moe. gov. cn/jyb_xwfb/gzdt_gzdt/moe_1485/202009/t20200923_490144. html，2020－9－23.

了独特的语文教育改革主张。

“初期识字教育和写字训练”部分主要介绍了《三字经》《百家姓》《千字文》的源流与各类版本，介绍了《开蒙要训》和杂字《新编对相四言》，并在此基础上总结了儿童识字的经验，分析了识字教材对儿童识字的影响。“识字教育与思想教育、知识教育相结合”部分对思想教育和知识教育、轶闻掌故、历史知识、科目常识以及书法训练的教材进行了介绍，如“轶闻掌故”类教材，对唐代的《兔园册》，李翰的《蒙求》，宋代胡炳文的《纯正蒙求》，明清期间肖良友撰、夏广文注的《蒙养故事》，程登吉原编、邹圣脉增补注释的《幼学琼林》以及钱云龙校订注释的《幼学须知句解》，董成重的《幼学求源》的历史记载、作者考据、各代学者对其的评价、产生的影响和价值进行了较为翔实的整理和说明。该部分还介绍和分析了《弟子规》《女儿经》《太公家教》《小儿语》《鉴略》《名物蒙求》《算法歌略》等教材，认为古代在识字教育、思想教育和知识教育相结合等方面有其特定的优势，如善用韵语和对偶，注重向阅读教学过渡，但也存在儿童不易理解等严重问题。在“初步的读写训练”和“进一步的读写训练”部分，介绍了《书言故事》《日记故事》《千家诗》《神童诗》等教材，分析了读诗对儿童语文素养的益处，并提出在阅读中，“文”“道”不可偏废，正确的“道”必须有高明的“文”来阐发和传播，人们必须通过“文”来理解，而“熟读、精思和博览”是阅读训练的基本方法。

书中还收录了张志公在1985年语文教学改革座谈会上的讲话，提及要向古代传统寻求经验，找办法，以总结出某些正面经验。研究指出，对待古代传统教材，就好比李时珍的《本草》，不能简单地用《本草》来代替今天的药物科学，因此需要对传统语文教育进行再认识①，并指出现代语文教学的四大弊端，即脱离语言实际、脱离应用实际、忽视文学教育、不重视知识教育，这四大弊端影响极其深远。②

（二）熊承涤的《中国古代学校教材研究》关于明清教材的研究

熊承涤认为“很少人注意对古代教材进行专门研究”，古代教材是教育史研究的薄弱环节，因此做了“拓荒性的探索工作”，以专成此书。同时提出，虽然长期的封建社会决定了各类学校教材的保守性与落后性，但古代教材在形成中华民族精神，维护封建的政治和经济方面起到一定作用。该书在明清教材部分对明代的经学教材、蒙学教材等内容分章予以介绍并展开分析，共涉及教材40余本。

在明代教材部分，集中研究与分析了明代的经学教材和蒙学教材。研究指出，为加强专制统治，明朝国子监所使用的诰令类教材较为多见，如《御制大诰》《大明律令》《御制为善阴骘》《孝顺事实》《五伦书》等。研究整理了宗学和武学的教材体系，是以《皇明祖训》《孝顺事实》《为善阴骘》为主，《四书》《五经》《通鉴》《性理》为辅，武学教材以《小学》《论语》《孟子》《大学》“武经七书”《百将传》等为主。研究还分析了明代期间作为主要教材的《五经大全》《四书大全》《性理大全》产生的历史背景与编撰来源，并对内

① 张志公．传统语文教育教材论——暨蒙学书目和书影［M］．北京：中华书局，2013.

② 张志公．传统语文教育教材论——暨蒙学书目和书影［M］．北京：中华书局，2013.

容梗概进行了具体介绍。蒙学教材介绍了《龙文鞭影》《幼学故事琼林》《女儿经》《小儿语》《续小儿语》《家诫要言》《幼仪学箴》《声律启蒙》《童蒙习句》《鉴略妥注》《名贤集》等教材的作者、版本、结构与主要内容，部分教材还列举了文本样本，分析与总结相应教材的教育地位和历史影响。另外，介绍了明代传入中国的西方自然科学著作《天学实义》《几何原本》《割圆八线表》《天测》等。研究还指出，明代文学与科技著作，如《三国演义》《水浒传》《农政全书》等，虽不是教材，但对教材产生了深刻的影响，部分书籍在实际上已经成为社会教育教材。

在清代教材部分，分析了清代太学和地方儒学教材使用情况，并对太学制度、教学内容、科举考试以及其他专科学校的制度进行了介绍，提及清初使用了《四书》《五经》宋人的注本，并介绍了文学教材和数学教材，主要包括《古文辞类纂》《古文约选》《唐宋文醇》《唐宋诗醇》《数理精蕴》等。研究发现，以《古文辞类纂》为代表的文学教材发行面较广，影响较大，堪称佳作。研究还提出，以《卧碑文》《圣谕广训》《十三经注疏》等为代表的教材既反映了统治者对教材的控制，也使经学勃兴，更多的知识分子加大了对古书的整理和考证，成就了对程朱理学的辅助和补充。

研究还列举并比较详尽地介绍清代前期的蒙学教材，涉及的蒙学教材有《古文观止》《古唐诗合解》《唐诗合选》《唐诗三百首》《朱子治家格言》《千金裘》《增广贤文》《弟子规》《笠翁对韵》《声律启蒙》《清文启蒙》共 11 本。研究认为，清代前期部分蒙学教材因选材精当，作品具有思想性，艺术性强且说理透彻，流行很广，如《古文观止》就是撷取各书、各家、各时代的精粹之作。另外，研究对清代官学教材《十三经注疏》的流变与发展进行了翔实的考证。①

（三）吴洪成的《中国古代学校教材史论》关于明清教材的研究

在吴洪成的《中国古代学校教材史论》明清教材研究部分，首先对明清时期文化学术的变动与教材发展进行了分析，阐述了程朱理学占据统治地位、西学东渐与启蒙思潮以及颜元教学内容的革新主张对明清教材的具体影响。其次，研究将学校分为官学和私学两类，其中私学包括私塾、义学及义塾。研究聚焦了明清官学、私学的教材类别与特点，对官学和私学的主要教学内容及其理念进行了分析，并对两代书院教学内容的演变与发展进行了阐述。书中还简要介绍了明清时期官学、私学、书院的主要教材书目。最后，研究介绍了几部知名的蒙学教材，包括《幼学琼林》《龙文鞭影》《声律启蒙》《笠翁对韵》以及《益幼杂字》等杂字教材，并结合教材具体内容论述了明清蒙学教材的内容与特点。②

（四）其他学者关于明清教材的研究

其他学者的研究以明清蒙学教材中的杂字教材为主。

杂字研究有戴元枝《徽州〈六言杂字〉：明清杂字教材的成熟之作》，将“六言杂字”与其他杂字进行比较，考察了明清杂字教材的内容与形式特征。研究发现：明清杂字教材

① 熊承涤．中国古代学校教材研究［M］．北京：人民教育出版社．1996．

② 吴洪成．中国古代学校教材史论［M］．保定：河北大学出版社，2017．

知识全面，雅俗兼备；内容连贯，承接自然；用语浅易，音韵和谐，堪称杂字教材中的典范。① 顾月琴的《日常生活变迁中的教育——明清时期杂字研究》则追溯了杂字从古至今的历史轨迹，探讨了明清时期杂字在民间盛行的原因，系统分析了杂字与其他蒙学教材相比的不同特点，介绍了杂字在国内外的流行情况，最后指出了杂字与社会变迁的密切关系及其对成人教育、教材改革等方面的重大贡献②。总体而言，杂字类教材较少引证古代圣贤的言论，更多介绍农业生产、商业经验、百工技艺等实科内容，从而将识字教育、知识教育及职业教育融为一体，促进了明清期间职业教育的发展。

明清蒙学教材研究成果较为丰富一些，除开熊承涤的《明代的蒙学教材》《清代前期的蒙学教材》、吴洪成的《清代前期蒙学教材研究》，还有马冠男的《明代蒙学教材、教法研究》、徐坤的《明清蒙学教材的价值取向研究》、郭子建《明清蒙学教材对当代义务教育阶段语文教材编制的启示》、张静的《明清时期蒙学教材发展研究》、张贵明《清代蒙学教育教材及其特点研究》、白少霞的《宋元明清时期道德类蒙养教材的基本特征及价值意蕴研究》、梁彩霞的《我国明代时期蒙学教材、教法发展研究》、任登波的《中国清代前期的蒙学教材探微》等。

关于明清教材的专门研究还散见于教育史、教育思想史系列著作之中。如喻本伐、熊贤君著的《中国教育发展史》阐述了明代教育发展过程中显现出来的"学校的僵化与反僵化"，对明代时期的文教政策、官学教育的学制沿革进行了全面的梳理，介绍了国子监、地方官学、社学、私学、书院（东林书院）的学制、教学内容、主要教材，并以类似的体例对 1644—1862 年期间的清代教育进行了介绍。③ 张传燧主编的《中国教育史》在"宋元明清篇——中国传统教育的完善与式微"中讲述了官学的完备与衰微、书院的兴起与衍变、蒙养教育与社会教化以及部分名家的教育思想。④ 在绝大部分教育史、文献学史的著作当中，都涉及了对明清主要教材的介绍，如王炳照等编著的《简明中国教育史》⑤，曲铁华编著的《中国教育发展史纲》⑥，顾明远主编的《教育大辞典 增订合编本》⑦，叶汉声著的《国学经典导读》⑧，曾贻芬，崔文印著的《中国历史文献学史述要 》（增订本），陆养涛编著的《中国古代蒙学书大观》⑨，等等，不再一一列举。

另外，将明清期间的单本教材或教材编撰者作为史学研究对象的考古历史类研究也较多，但并非教材研究的视角。这类研究一般是围绕某一本书，对该书的作者生平、产生背景、内容修订、版本流变与考订以及政治、文化及历史影响进行考证、对比或评价，比如

---

① 戴元枝. 徽州《六言杂字》：明清杂字教材的成熟之作 [J]. 黄山学院学报，2015 (02)：11—15.

② 顾月琴. 日常生活变迁中的教育——明清时期杂字研究 [D]. 华东师范大学.

③ 喻本伐，熊贤君. 中国教育发展史 [M]. 武汉：华中师范大学出版社，1991.

④ 张传燧. 中国教育史 [M]. 北京：高等教育出版社. 2019.

⑤ 王炳照，郭齐家，刘德华，何晓夏，高奇编. 简明中国教育史 [M]. 北京：北京师范大学出版社，1994.

⑥ 曲铁华. 中国教育发展史纲 [M]. 长春：东北师范大学出版社，2006.

⑦ 顾明远. 教育大辞典 增订合编本 [M]. 上海：上海教育出版社 1998.

⑧ 叶汉声. 国学经典导读 [M]. 长沙：湖南师范大学出版社，2015.

⑨ 陆养涛. 中国古代蒙学书大观 [M]. 上海：同济大学出版社，1995.

顾吉辰的《略论〈历代名臣奏议〉的历史价值》,[①] 或者是围绕人物的生平与思想流变而展开，研究涉及了其相关著作的评价与分析，比如陈东辉的《阮元与诂经精舍》[②]。这类研究能为明清教材研究文献搜集与整理提供研究基础，但因属于其他学科及领域的研究，只在引证时予以介绍，在此不予赘叙。

二、教材（教科书）有关研究

从叶圣陶先生、陶行知先生提出教科书（教材）设计相关主张开始，国内教材（教科书）相关研究主要有：早期教育名家对教材的理论探讨；学科取向的教科书理论与实践研究；近现代教科书史料整理与研究；当代教材评价与功能研究。

（一）教材（教科书）理论研究

在早期，我国两位教育家叶圣陶先生、陶行知先生对教科书进行了理论探讨。叶圣陶先生认为教科书作为学生上课时所用的材料，要进行独特设计，教师如何使用教材也非常重要。陶行知先生强调教科书的设计要有利于发挥学生的主体作用，并主张使用实践活动式教科书。在此之后，我国教科书研究从 20 世纪 80 年代开始逐渐得到重视，在此期间形成了教材理论方面的早期研究成果，以李坤、曾天山、李嘉瑶等的研究为代表。

1989 年，李嘉瑶出版专著《教材学概要》[③]。作为一本教材理论著作，书中提出教材是教学的主要依据，是学生获取知识、培养思想能力和道德水平的主要工具。教材是教学的物化形态，能确保教育计划实施，便于进行教学评估，且对学校办学各方面具有重大的意义。李坤的《教材建设与管理》一书对教材建设与管理作了全面、系统的论述，包括教材的编写、审查、出版、发行、供应、管理等，是一本理论性和实用性较强的著作，特别是在教材管理制度与方法上有比较深入的阐述[④]。1997 年，曾天山发表了《基础教育教材若干理论问题研究》，对教材的界定、编制、教学设计及改革等进行了较为系统的研究[⑤]，并出版了《教材论》，该研究从多个方面对中小学教科书作了十分详尽的论述，成为教科书研究的重要参考资料[⑥]。除此之外，还相继发表了《国外关于教科书功能论争的述评》[⑦]《我国基础教育教材改革问题探讨》[⑧]《论教材的教学论基础》[⑨] 等成果。总的来说，早期理论研究为教材研究提供了研究基础与参考框架。

① 顾吉辰．略论《历代名臣奏议》的历史价值［J］．学术月刊，1992（07）：78—81．
② 陈东辉．阮元与诂经精舍［J］．浙江学刊，1991（04）：109—111．
③ 李嘉瑶．教材学概要［M］．西安：西北工业大学出版社，1989．
④ 李坤．教材建设与管理［M］．北京：国防工业出版社，1993．
⑤ 曾天山．基础教育教材若干理论问题研究［D］．西北师范大学．
⑥ 曾天山．教材论［M］．南昌：江西教育出版社，1997．
⑦ 曾天山．国外关于教科书功能论争的述评［J］．西南师范大学学报（哲学社会科学版），1998（02）：57—62．
⑧ 曾天山．我国基础教育教材改革问题探讨［J］．教育研究与实验，1995（03）：19—23．
⑨ 曾天山．论教材的教学论基础［J］．西北师大学报（社会科学版）1996（02）：63—68．

（二）学科取向的教材（教科书）相关研究

学科取向的教科书相关研究以华东师范大学倪文锦、钟启泉和西南大学宋乃庆、靳玉乐、李森的研究为主，以及部分学者结合具体学科教科书使用现状开展的相关研究。

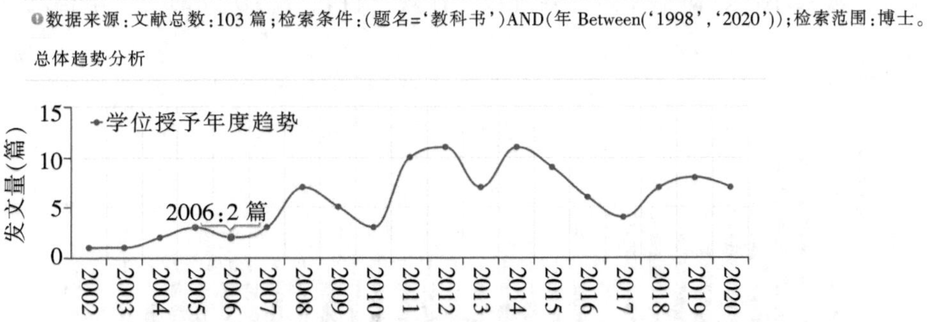

图 1-1　文献标题含“教科书”的博士论文（1998—2020）

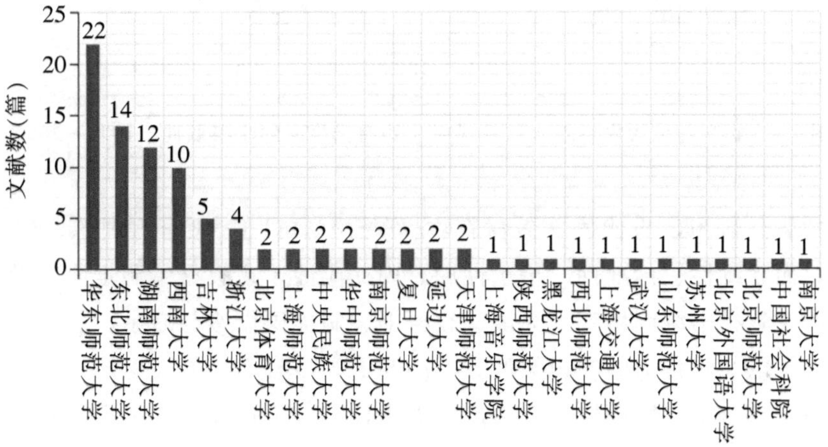

图 1-2　文献标题含“教科书”的博士论文单位（1998—2020）

中国知网数据显示，在 1998—2020 年期间，含“教科书”标题的博士论文共 103 篇（图 1-1），其中华东师范大学占 22 篇，西南大学占 10 篇（图 1-2）。华东师范大学和西南大学的教科书研究大多是学科取向的研究，如华东师范大学有《语文教科书编制研究》[①]《文化视野中的地理教科书研究》[②]《日本初中理科教科书设计研究》[③]《语文教科书中学习活动的设计》[④]《中越两国初中语文教科书比较》[⑤]《我国小学语文教科书价值取向研究》[⑥]《化学教科书学习难度评估工具的开发与应用》《从体育教科书和专著的立论基础看体育思

① 韩艳梅．语文教科书编制研究［D］．华东师范大学，2005．

② 孔云．文化视野中的地理教科书研究［D］．华东师范大学，2008．

③ 刘继和．日本初中理科教科书设计研究［D］．华东师范大学，2005．

④ 乔辉．语文教科书中学习活动的设计［D］．华东师范大学，2010．

⑤ 皇友衍．中越两国初中语文教科书比较［D］．华东师范大学，2010．

⑥ 傅建明．我国小学语文教科书价值取向研究［D］．华东师范大学，2003．

想的演化》《民国时期小学音乐教科书研究（1912—1937）》[①]《基于观念结构分析的中国初中语文教科书批评语言学研究》[②]《活动理论视角下学生使用教科书研究》[③]《民国历史教科书研究——以文化为中心的考察》[④]，这些研究围绕语文、数学、生物、化学、体育等学科展开，涉及小学、初中和高中各阶段，体现学科教科书研究的主要学科及研究指向（图 1-3）。

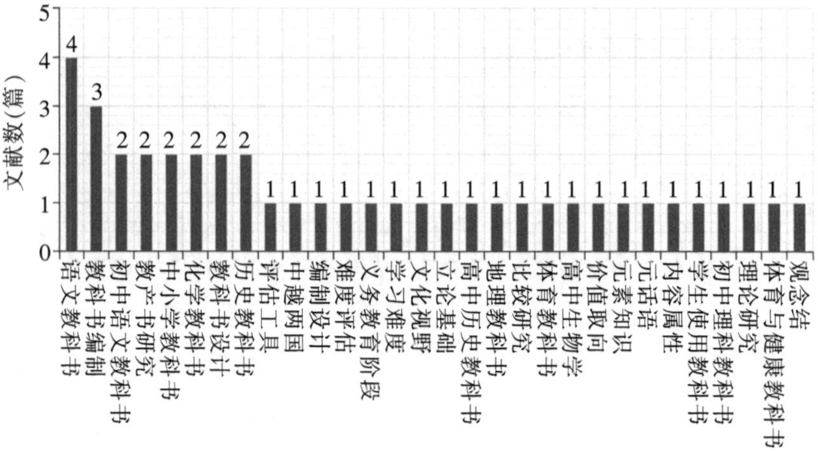

图 1-3　华东师范大学标题含“教科书”的博士论文的学科取向（1998—2020）

倪文锦的研究认为，当代语文教材存在“缺语文知识、缺能力训练、缺‘语文’属性”的不足，而系统性、标准性、精选性和心理适应性才是教材编制走向科学化的标志”。韩艳梅的《语文教科书编制研究》为语文教科书编制提供借鉴与启示。研究根据知识的类型理论，探讨了语文教科书的知识类型、不同知识类型有何功能、应该如何选择这些知识类型并纳入语文教科书内等问题，并提出可引入任务分析技术，要从学习者的“最近发展区”出发等，在总体上重新确立了语文教科书目标与教科书编制框架。

西南大学以数学学科的教科书研究为主。数学学科教科书系列研究关注了小学数学教科书的发展历程和高中数学教科书的评价与使用策略，主要有《20 世纪我国初中几何教科书编写的沿革与发展》[⑤]《20 世纪中国小学数学教科书内容的改革与发展研究》[⑥]《小学数学教师教科书解读的影响因素及调控策略研究——以西师版小学数学教科书为例》[⑦]

① 罗晓慧. 民国时期小学音乐教科书研究（1912—1937）[D]. 华东师范大学，2014.

② 章家谊. 基于观念结构分析的中国初中语文教科书批评语言学研究 [D]. 华东师范大学，2015.

③ 曾家延. 活动理论视角下学生使用教科书研究 [D]. 华东师范大学，2016.

④ 张绪忠. 民国历史教科书研究——以文化为中心的考察 [D]. 华东师范大学，2017.

⑤ 陈婷. 20 世纪我国初中几何教科书编写的沿革与发展 [D]. 西南大学，2008.

⑥ 魏佳. 20 世纪中国小学数学教科书内容的改革与发展研究 [D]. 西南大学，2009.

⑦ 沈林. 小学数学教师教科书解读的影响因素及调控策略研究——以西师版小学数学教科书为例 [D]. 西南大学，2011.

《高中物理教科书评价指标体系构建研究》[①]《高中数学新课程实验教科书使用调查研究》等。[②]

部分学者结合具体学科教科书使用现状开展了相关研究。范连众、孔心哲对我国九个新版本初中数学教科书进行了调查，认为当前的初中数学教科书的习题设计应从知识向素养过渡。[③] 郭圣林根据民国小学语文教科书的编写经验，认为教科书的编排要实现儿童视角、学科视角和社会视角的统一。[④] 王健、苑东、刘伟华从学科核心素养的视角研究了科学教科书中科学史内容的表征，并以高中生物教科书为例，对如何基于学科核心素养进行教科书的编写、教学组织和教师专业发展提出建议。[⑤] 王祖浩提出以实验创新研究来促进学生化学学科核心素养发展的观点。[⑥] 张聪对《道德与法治》教科书进行分析，提出在教科书研制过程中需要进一步完善小学生公共生活教育叙事，链接立体化的生活情境，唤起公共生活的真实体验，构建系统化的公共空间，提升全方位的育人格局[⑦]。2017 年，我国教育部启动了普通高中思想政治、语文、历史教材统编工作，并于 2019 年 9 月开始投入使用。其中：思想政治教材采用集中与分散、显性和隐性、引导和灌输三个结合；语文教材选文丰富厚重，突出了中华优秀传统文化和革命文化，创造性地设计了学习任务群；历史教材反对三个虚无主义（历史、文化、民族），拟于 2022 年在全国予以推广。[⑧] 部分研究对教育部部编本语文教材的编写理念、特色进行了分析，指出要构建以核心素养为基础的阅读教学体系。[⑨⑩]

（三）近现代教材史相关研究

近 20 年以来，以首都师范大学石鸥为核心的研究团队长期从事教科书的收集与整理工作，并开展了教科书相关研究，形成了近现代教科书史的系列研究成果。

在早期阶段，从社会学视角出发，石鸥指导了博士论文《论知识准入课程中的国家介入》《控制与教化——小学思品教科书研究》《科学课程及其变革的社会学审视》。如赵长

---

① 李佳. 高中物理教科书评价指标体系构建研究 [D]. 西南大学，2011.

② 杨慧娟. 高中数学新课程实验教科书使用调查研究 [D]. 西南大学，2011.

③ 范连众，孔心哲. 从关注学科知识转向关注核心素养的教科书的习题设计——基于对我国九个新版本初中数学教科书的调查 [J]. 中小学教师培训，2017 (10)：61—65.

④ 郭圣林. 实现儿童视角学科视角社会视角的统一——民国小学语文教科书编写经验及启示 [J]. 语文建设，2014，(22)，62—65.

⑤ 王健，苑东，刘伟华. 科学教科书中科学史内容的表征——基于学科核心素养的视角 [J]. 教育科学研究，2019 (04)：47—52+72.

⑥ 王祖浩. 以实验创新研究促进学生学科核心素养的发展——《实验化学》教科书内容建构及学科特色探索 [J]. 全球教育展望，2019 (11)：59—70.

⑦ 张聪. 小学生公共生活教育的叙事过程反思——基于《道德与法治》教科书"公共生活靠大家"单元的文本分析 [J]. 中小学德育，2020 (09)：38—41.

⑧ 教育部. 介绍高中三科统编教材投入使用及义务教育三科统编教材全覆盖工作情况 [EB/OL]. http：//www.moe. gov. cn/fbh/live/2019/51084/，2019—8—27.

⑨ 温儒敏."部编本"语文教材的编写理念、特色与使用建议 [J]. 课程·教材·教法，2016 (11)：3—11.

⑩ 王本华. 构建以核心素养为基础的阅读教学体系——谈统编语文教材的阅读教学理念和设计思路 [J]. 课程·教材·教法，2017 (10) 35—42.

林的《科学课程及其变革的社会学审视》从分析科学课程与道德教化、科学课程与意识形态的关系入手，对科学课程的社会功能进行了较为系统的研究，并对科学和科学知识的本质、科学课程知识观的转变及其与科学课程变革的关系进行了研究[①]；刘丽群的《论知识准入课程中的国家介入》以知识社会学为理论基础，通过对具体教科书和课程政策文本的话语分析，揭示了国家如何使其介入合法化的深层策略，剖析了国家与其他利益群体就课程知识准入展开博弈的具体过程，并提出了促使国家介入走向合理的社会策略与课程策略[②]；李祖祥的《控制与教化——小学思品教科书研究》探讨了小学思想品德教育教科书的内容和形式如何体现社会控制，阐明了其显性和隐性的途径[③]。

在中期，石鸥的研究以《最不该忽视的研究——关于教科书研究的几点思考》为代表，转向了教科书史领域，对近现代不同时间阶段的教科书予以整理与分析，形成了清末民初以后以及新中国成立后教科书史的系列研究成果。[④] 如《清末民初教科书的启蒙诉求》在研究西方教科书的引进、官方教科书、教育宗旨及思潮变革的基础上，翔实分析了清末民初教科书的重要价值及其历史贡献。[⑤] 相同时期的研究还有《由“文”到“语”——清末民国中小学英语教科书研究》[⑥]《从体操到体育——清末民国中小学体育教科书研究》[⑦]。《艰难的规整——新中国十七年（1949—1966）中小学教科书研究》探讨了新中国十七年中小学教科书的发展，分析了在规整教科书过程中的经验与教训，并提出了建议。[⑧] 相关的研究成果还包括一批学术论文，如《新中国政治教科书 60 年之演进》《跌宕的百年：现代教科书发展回顾与展望》《课本也抗战——试论“战时教科书”》以及近年的研究成果《改革开放 40 年我国中小学教材建设的成就、问题与应对》等[⑨]。这些研究使得石鸥教授指导的教科书研究团队在近现代教科书史研究方面形成态势。其间，还有石鸥、吴小鸥编著的《百年中国教科书图说 1897—1949》[⑩]《百年中国教科书图说 1949—2009》[⑪] 对现代教科书的成型、官编教科书的强化、教科书发展与变革等时期的教科书给予了全景似的整理与呈现。另外，近年来，石鸥的研究团队还对教科书的编审、制度、政策等内容开展了研究，如王昌善的《我国近代中小学教科书编审制度研究》[⑫]、李水平的

---

① 赵长林. 科学课程及其变革的社会学审视［D］. 湖南师范大学，2004.

② 刘丽群. 论知识准入课程中的国家介入［D］. 湖南师范大学，2007.

③ 李祖祥. 控制与教化——小学思品教科书研究［D］. 湖南师范大学，2007.

④ 石鸥. 最不该忽视的研究——关于教科书研究的几点思考［J］. 湖南师范大学教育科学学报，2007 ，5—9.

⑤ 吴小鸥. 清末民初教科书的启蒙诉求［D］. 湖南师范大学，2009.

⑥ 吴驰. 由“文”到“语”——清末民国中小学英语教科书研究［D］. 湖南师范大学，2012

⑦ 刘斌. 从体操到体育——清末民国中小学体育教科书研究［D］. 湖南师范大学，2011.

⑧ 方成智. 艰难的规整——新中国十七年（1949—1966）中小学教科书研究［D］. 湖南师范大学，2010.

⑨ 石鸥，张文. 改革开放 40 年我国中小学教材建设的成就、问题与应对［J］. 课程·教材·教法，2018（02）：18—24.

⑩ 石鸥，吴小鸥编著. 百年中国教科书图说 1897—1949［M］. 长沙：湖南教育出版社，2009.

⑪ 石鸥，吴小鸥编著. 百年中国教科书图说 1949—2009［M］. 长沙：湖南教育出版社，2009.

⑫ 王昌善. 我国近代中小学教科书编审制度研究［D］. 湖南师范大学，2011.

《新中国教科书制度研究》[①]、崔珂琰的《中国百年少数民族教科书政策研究》[②] 等。

（四）教材（教科书）评价与功能研究

围绕教材主题，国内学者从不同角度进一步深化了相关研究。这些研究尝试建构教材（教科书）编制设计的理论基础与评价框架。知识理论、心理学理论、课程理论和教学理论构成了教材（教科书）编制设计的理论基础，对教材的发展从不同的角度提供某种支持。其中，教材评价以华南师范大学高凌飚和课程教材研究所的张廷凯、丁朝蓬等的研究成果为主，首都师范大学侯前伟、张增田等的评价研究为主。

高凌飚对基础教育各学科教材评价开展研究，形成了比较有影响的教材评价。其中，《基础教育教材评价：理论与工具》一书是其代表性著作，该书在探讨国外课程教材评价理论模型与实施框架的基础上，开发了小学和中学多门课程的教材评价工具，成为国内早期教材评价的典型。[③] 论文《关于教材评价体系的建议》从评价的必要性、性质和内容、原则、主体及组织和管理等方面提出了相应的观点。[④]《教材分析评估的模型和层次》提出要从知识与科学性、思想品德与文化内涵、认知与心理规律、编制技巧与工艺水平等四个维度构建教材分析评价的指标[⑤]，在后续的研究中，将四个维度升级到知识、思想文化内涵、心理发展规律、编写制作水平、可行性、特色与导向性六个维度[⑥]。这些研究在国内教材研究领域均产生了重要的影响。

丁朝蓬在教材评价和教材功能研究方面也取得了一定的成果，如《教材评价的本质、标准及过程》界定了教材评价的价值主体和价值客体，客体是教材与学生、社会构成的价值关系，而主体是多元化的。[⑦] 在其《教科书结构分析与内容质量评价》[⑧] 中将教科书的评价指标划分为教科书目标、教科书内容特性和教科书教学特性三个维度。方红峰的研究结合浙江省的操作实践与经验，将评价标准划分为内容、语言文字、编印设计、教学设计难度、课堂使用五个维度，呈现了评价维度与标准多元化取向的特点。[⑨]

以首都师范大学侯前伟、张增田等为核心的研究团队形成了系列教科书评价研究成果。在原有研究的基础上，研究提出评价教科书的价值主体主要是学生、社会和教学。[⑩] 研究主张要正确认识和理解教科书评价，教科书评价的本质是对教科书价值关系的揭示和深层认知，教科书评价具备主体性特征，这源于教科书评价主客体之间关系的内在性。主要表现为：关注教科书对于自我的意义，显现强烈的自我相关性；与主体自身需要息息相

① 李水平．新中国教科书制度研究［D］．湖南师范大学，2014．
② 崔珂琰．中国百年少数民族教科书政策研究［D］．湖南师范大学，2015．
③ 高凌飚．基础教育教材评价：理论与工具［M］．北京：人民教育出版社，2002．
④ 高凌飚．关于教材评价体系的建议［J］．全球教育展望，2002（04）：46－50．
⑤ 高凌飚．教材分析评估的模型和层次［J］．课程．教材．教法，2001（03）：1－5．
⑥ 高凌飚．教材评价维度与标准［J］．教育发展研究，2007（12）：8－12．
⑦ 丁朝蓬．教材评价的本质、标准及过程［J］．课程．教材．教法，2000（09）：36－38．
⑧ 丁朝蓬．教科书结构分析与内容质量评价［J］．教育理论与实践，2001（08）：61－64．
⑨ 孔凡哲，张怡．教科书研究方法质量保障研究［M］．长春：东北师范大学出版社，2007：304－305．
⑩ 侯前伟，张增田．论教科书评价的基本内涵［J］．教育研究，2017（12）：76－80＋95．

关，具有明显的个体差异性；评价对象的特殊性。[①] 研究还从不同角度提供了教科书评价的模型。如在向“关键能力”转变的教育改革升级过程中提出教科书通用评价系统CIR-FS的研制思路和整体形态。通过课程内容规划—教学支持—文本呈现三层面分析，以及与三层面对应的“要素—联结”的结构分析，CIR-FS系统建构了功能和结构有效关联的二维矩阵型框架。[②] 研究还从教科书中的知识建构视角出发，设计以要素指标和联结指标相结合的教科书“知识建构”的新评价标准，优化了结构性和理论解释力。[③] 另外，在总结和借鉴国际文本理解研究的基础上，建构了基于功能一结构分析的“文本呈现”评价标准。该标准包括“表意”与“美感”两个维度的功能性标准，以及与之相对应的结构方面的四个“要素”性指标和三个“联结”性指标。[④] 研究成果还涉及了教科书评价运作机制、影响因素与现实路径。[⑤] 另外还提出，教科书评价标准是衔接基础理论与实践应用的“中层理论”研究，存在演绎和归纳两条路径，未来的教科书评价标准研究要充分借鉴国际经验，尝试两种路径的汇聚，建构起更加稳定、承载力更强的系统框架。[⑥]

三、教材文本有关研究

（一）文本理论研究

本书拟从文本视角开展研究，因此对文本理论研究予以回顾与梳理。

“文本”是当代西方文学评论界的一个基本概念，它的发展与西方社会历史、哲学思潮演变息息相关。从早期注重“文本”的文学性和美学特征，到结构主义式的“文本”的语言和结构，再到关注“文本”的非自足性，并扩展到以现象学、阐释学打开“文本”的历史背景，以及后现代主义、文化批评将“文本”置身于社会、文化更广阔的空间，关于“文本”的研究与阐释经历了一个长期的演变过程。

具体来讲，关于“文本”的研究有这样几种倾向：一是把文本作为一种纯形式的考察对象，即作为一个独立的语言实体来看待，用“文学性”“陌生化”来说明文学作品作为语言艺术的基本特点。“文学性”是指一部作品成为文学作品的所有形式因素的总和，且只能存在于语言之中，即文本之中；“陌生化”是一种艺术创作手法，把熟悉的事物通过艺术手法变得“陌生”以激发读者兴趣。这是对文学文本的内在组织、结构特征的总结。

二是把文本当作一种“互文”，意指一个文本无法离开其他文本而存在，是一个无中

---

① 张增田，郭煜琪. 论教科书评价的主体性特征［J］. 广西师范学院学报（哲学社会科学版），2018，4（39）：129—132.

② 侯前伟. 教科书通用评价系统CIR-FS的研制与评估［J］. 全球教育展望，2019. 11（48）：71—95.

③ 侯前伟，张增田. 教科书中“知识建构”质量的评价标准设计［J］. 湖南师范大学教育科学学报，2019，5（05）：45—54.

④ 侯前伟，张增田. 基于国际研究新进展的教科书“文本呈现”评价标准建构［J］. 课程·教材·教法，2019（01）：40—47.

⑤ 王润，张增田. 教科书评价运作机制：影响因素与现实路径［J］. 教育理论与实践，2018（10）：28—32.

⑥ 侯前伟，张增田. 教科书评价标准建构：功能、路径与展望［J］. 当代教育科学，2019（08）：61—68.

心的网络系统，也没有确定的终极意义。文本的意义存在于文本与文本之间的相互作用之中。另外，拓展了这种“互文”的研究还提出，文本的所有阐释都是现在与过去的对话，是阐释者的视界与文本历史视界的融合，这为接受理论奠定了基础。正如波兰学者罗曼·英伽登提出的，虽然文学作品是一种物理实体存在，比如印刷品，但这种实体存在是意向性客体，具有多层次结构，包含着许多潜在的因素和未定点，读者需要运用想象对其具体化。在他们这里，阐释者与读者对文本的影响已被高度重视。

再次就是泛文本书。接受反应文论、新历史主义与西方马克思主义文论以及女性主义文论、后殖民主义文论等流派认为文本不是客观、自足的，而是由外部的读者、社会、历史、意识形态等因素影响建构而成，从而进一步开拓了文学文本理论的视野。例如，德国接受美学家沃尔夫冈·伊瑟尔提出的“召唤结构”和“暗隐的读者”理论。“召唤结构”形成文学作品意义上的“空白”和“不确定性”，而这正是文学文本的基本结构。“暗隐的读者”是一种概念或结构，根植在文本的结构中，是隐含在文学文本中的期待着读者出现的“一种结构”。这种结构设置了召唤反应的结构网，促使读者去把握文本，既召唤着真实的读者，又制约其接受。德国文论家姚斯也在伽达默尔的思想基础上，将文学作品置于语境之中，并探讨作品本身的历史视域如何在不同时代读者的视域之间进行转换，认为文学史就是文学作品产生“效果”的历史，因此，作品和文学传统不再是一成不变，而是在各种接受视域中积极改变。诺曼·霍兰德则进一步认为，文本意义是由接受者在一个连续不断、不可分割的交往过程中创造出来的，并不是文本本身所固有的。20 世纪中后期文论界以西方马克思主义与新历史主义、后殖民主义文论、女性主义文论针对文学文本理论进行的这些反思表明，在关注文学文本的语言、结构、互文等内在属性以后，文本中的历史、意识形态等外部的社会历史文化因素也重新引起了人们的重视，从而进一步开拓了文学文本理论的视野。总之，这些理论流派对文本理论的探索，大致经历了一个由离开外部世界、只关注文本内部，到立足文本、重新关注外部世界的理论路径，呈现了“由作品到文本，从自在到建构”的两次转折与飞跃。

文本概念在中国传播的时间较短。[①] 西方文本理论对中国文学理论本身发展、文艺实践活动展开及文艺学学科教学、研究与建设都有借鉴与启发作用。20 世纪 90 年代以前中国文学理论教材都是关注文学作品的，童庆炳、王小新等编的《文学理论教程》被公认为更新换代的教材，该教材首次将文学作品的文本层次分为文学话语层面、文学形象层面和文学意蕴层面。这种文本层次三分法给中国文学理论教材留下了深远影响，后来很多教材都采用了这种方式来界定文本概念。[②] 到了 21 世纪初期，随着对文本概念认识的深入，又出现一批教材对文本概念进行重新界定。如南帆的《文学理论新读本》就有专章“文本”内容，梳理了新批评以来的文本理论、后结构主义的文本理论，以及俄国形式主义和英伽登的理论。[③] 王先霈、胡亚敏主编的《文学批评导引》强调了文学批评要以文本的文

① 梅启波．文本概念在中国的传播与变异［J］．哈尔滨师范大学社会科学学报，2011（02）：150－155．

② 童庆炳．文学理论教程 第 5 版［M］．北京：高等教育出版社，2015．

③ 南帆．文学理论新读本［M］．杭州：浙江文艺出版社，2002．

学性为对象，该教材对文本文学性作了富有启发性的论述。① 总之，国内不少文学理论教材处于不断改版中，不同版本的教材对文本有着不同的界定和梳理，文学界对文本概念的认识是不断深入和全面的。国内文学理论还明确指出，文学的本质是审美，人们对审美关系的认识的主体图式并不单纯，它是由民族的、时代的、阶段的以及个人环境所涉及的哲学观念、道德观念、宗教观念、政治观念、科学观念、心理学观念等多种因素形成的，且将随着时代的发展变化而变化，因此文学理论是多视角、多侧面、不断发展的。

（二）教材文本

教材文本研究较少，以漆涛、石玉的最新研究成果为主。

漆涛的《隐于教材背后的儿童》对教材文本应如何组织提出了儿童的视角。② 研究认为在现实的教材实践中较少考虑儿童，甚至不知道如何考虑儿童。由于教材具有经验逻辑与心理逻辑的双重特性，儿童与教材好比探险家与地图，教材像地图一样指引着儿童的发展与方向，而儿童需要自己经历这个探险过程。所以，任何教材不仅需要有逻辑的科学知识，还应该有利于教师将教材中的经验转变为学生经验。因此，教材的评价既包括教材物理特征、内容特征，也包括是否能够真实地反映儿童、是否符合时代的判断和需要。如果局限于教材，以儿童的一些心理特征替代原本应该贯穿于整个教材过程的“儿童”，并不利于教材理论的建设。与此同时，研究提出需要教师具有相应的教材观念，遵循从儿童到教材观再到教材实践的逻辑。石玉的《如何评价教科书文本内容的真假与去留？——教科书文本类型学初探》提出教材文本要经历“教育学编撰”的过程，这种过程需要处理好原有特征和教育目的的矛盾关系，并针对学科文本和作品文本进行了分类阐述，认为教科书文本的材质特征是教诲性，文本真伪不宜作为评价标准，是否实现了教育目的才是教科书评价的标准。③

曹明海、赵宏亮的《教材文本资源与教学内容的确定》探讨了如何“教教材”，即如何发掘教材文本资源，合理地确定教学内容，他提出关键在于把握教材文本的“多层次结构”，即根据教材文本的“多层次结构”来具体确定教学内容。④ 钟启泉《对话与文本：教学规范的转型》⑤ 指出，我国课程教材改革过多关注量的变化，认为“厚本变薄本”可以起到减轻学生过重负担的效果，这种评价观念是片面的，学生的“认知结构”和“学习动机”才是达成减负的关键。另外，侯前伟、张增田的教材评价模型涉及了教材文本层次的研究，并建构了基于功能—结构分析的“文本呈现”评价标准，在上一节点已进行梳理。

---

① 王先霈，胡亚敏主编．文学批评导引［M］．北京：高等教育出版社，2005．

② 漆涛．隐于教材背后的儿童［J］．教育发展研究．2015（02）：53—60．

③ 石玉．如何评价教科书文本内容的真假与去留？——教科书文本类型学初探［J］．教育科学研究，2019，7：71—76．

④ 曹明海，赵宏亮．教材文本资源与教学内容的确定［J］．语文建设，2008（10）：4—6．

⑤ 钟启泉．对话与文本：教学规范的转型［J］．教育研究，2001（03）：33—39．

四、研究评价

整体来说，明清教材研究已经积累了一批珍贵的研究史料，形成了一定的研究基础。众多研究者明确了明清各类学校使用的主要或典型的教材，并对部分教材的流变与发展进行了梳理；当代教材理论与应用研究成果比较丰硕，特别是在教材评价、学科教材研究、近现代教科书史等方面有较大的研究突破；文本作为文学理论的核心内容为教材文本提供了理论支撑。总体而言，以往的研究为进一步开展明清教材研究提供了切入点或给予了研究启示，并呈现了以下特征。

（一）作为“教材”的研究“有而不全”

根据文献整理情况，大部分明清教材研究是将教材研究作为“史料考证”或“古代经典”的研究，集中在教材书目、作者、产生背景与历史影响等方面。研究中提到的教材只是明清教材体系中的一部分，虽然比较全，但未有具体的研究与分析，且没有完整地呈现与分类。与此同时，作为“教材”的研究视角不突出或缺乏系统而深入的研究，研究明清教材的文本，或者说将明清教材的文本作为“教材文本”的研究还有待进一步展开。

因此，明清教材研究既需要整体分析其嬗变与发展，也需要对教材体系开展系统梳理和分类的研究工作，且是要面向一本本具体的教材，理清明清教材的知识体系与文本特点，探讨明清教材作为“教材”的更多内容，从而进一步深化明清教材研究。

（二）作为“教育”的教材文本书比较欠缺

结合本书的切入点，以往的教材文本很少被纳入文本研究领域，将教材文本作为意识形态的文本研究虽然有研究者部分涉及，但倾向于政治学研究，导致教材文本研究比较薄弱，或使研究仍然停留在文本标准这一层次。总体来看，作为“美学”的文学文本、作为“政治”的政策性文本的研究较多，而作为“认知”“教育”的文本未有专门的涉及或处于朦胧或边缘状态。

因此，明清教材研究应赋予文本研究更重要的主体地位，运用相对成熟的文本理论、已有的教材评价成果来研究教材文本能够成为一种有益的探索。

（三）教材研究的应用价值有待进一步提升

在当代教材研究中，历史性列举、一般性原则描述、宏观性政策指导类的研究比较多见，略偏向于实践的教材研究评价模式，使用方法与策略路径也未能结合具体的教材文本而展开，或者没有针对现实症结与发展诉求开展研究，研究视野宽广但聚焦不足，导致部分研究结论流于表层化，理论指导与实践应用价值有待进一步提升。

与此同时，作为教育的重要文本，教材研究对个体认知心理发展、学科结构影响等方面的研究存在不足，面向具体的教育实践的教材实证类研究也不多见，因此，教材研究领域呼唤更多的应用型研究，这方面的研究还有很大的上升空间。

第三节　概念界定与研究思路

一、概念界定

（一）教材

在我国，最早的教材出现在有文字可考的殷商时代。夏朝时就已经有了“痒、序、校”等学校雏形，到了商代，教育有了重要发展，开始出现了在教育教学过程中使用的教材，当时的贵族学校已经关注到从书本中学习前人经验的重要性。

关于“教材”，《中国大百科全书》（教育卷）的解释是：1. 根据学科编选和组织具有一定范围和深度的知识与技能体系；2. 教师指导学生学习的一切教学材料。[①] 关于教材的定义，曾天山认为，教材是教学活动的中心，是教师教授、学生学习活动的对象和客体。[②] 孙雪亮认为，教材作为育人的知识载体和教学的基本工具，是教学任务顺利实施的基本保证。[③] 关于教材定义的视角还有：从教材构成的角度讲，信息及信息赖以存在的物质载体是组成教材不可或缺的要素；从教材的功能来看，教材是中介媒体。[④]

国外对教科书的定义也各有所侧重。美国百科全书对教科书的定义为：为达到学习目的，经编制加工并用简化的方法介绍主要知识的书。美国学者认为，教科书作为工具书，有着多重的特性，包括促使新事物产生、概念与知识实体、好的媒介、权威记录、增加意义与丰富经验等；德国学者认为教科书是根据教学大纲，依据一定的教学理念为学生提供各学科活动素材的辅助手段；法国学者认为教科书是包含各种教育学科训练所需、结构设计系统严谨、符合教与学的过程需要、作为学习依据并帮助学生记忆的工具书籍。[⑤]

在本书中，“教材”不等同于“教科书”，这是因为“教科书”在官方文牍中出现的时间稍晚一些。“教科书”来源于1901年刘坤一、张之洞在《江楚会奏变法三折》中使用了“教科之书”的说法，1904年的《奏定学务纲要》对“教科书”的编纂使用作了详细的规定，教科书作为一种重要的知识传播载体，担当了近代中国教育转型的重任。为借鉴现代教科书研究基础，在本书的文献综述中，整理了“教科书”相关研究成果，以作为开展教材研究的理论依据。

---

① 中国大百科全书编辑部. 中国大百科全书·教育卷［M］. 北京：中国大百科全书出版社，1989.

② 曾天山. 教材论［M］. 南昌：江西教育出版社，1997.

③ 孙雪亮. 高校教材管理实务［M］. 上海：复旦大学出版社，2010.

④ 靳玉乐. 新课程改革的理念与创新［M］. 北京：人民教育出版社，2003.

⑤ 曾天山. 国外关于教科书功能论争的述评［J］. 西南师范大学学报（哲学社会科学版），1998（02）：57－62.

（二）明清教材

本书所关注的教材是公元1368—1840年间的教材，即明太祖建立明朝开始，至清代鸦片战争爆发期间中央官学、地方官学、著名书院、蒙学所使用的主要教材，简称明清教材。其中，部分教材形成于明清之前，明清时期编撰者予以注释、改编或直接使用，部分教材多是在注疏与解释方面略有出入，并没有破坏教材与原著的相通，[①] 部分教材为明清时期编撰者所作。

经过前期研究的史料收集与整理，考察的明清主要教材有70余本，将对其源流、知识体系、文本特征展开具体研究。其中，以《四书》《五经》为代表的经学教材是中国传统文化的精髓所在，其学理研究之丰富与深远，远非研究者所能达及，在本书中只对其文本特征及呈现形式予以部分解读，在进行文本考察时，从教材的视角运用相关理论对其内容、结构及呈现特点展开一定的研究，在此予以特别说明。

（三）文本

“文本”一词的词源非常复杂，来自拉丁语中的“texere”。相关的拉丁语“textum”包括“布匹、衣服、联系、连接、构造、章法和体裁”等意义，“textus”包括“编织、结构、连贯表述”等意义，“texo”包括“编织、编造、写作、装订和结合”等意义[②]，因此，英语单词“文本”的本意是“波动、联结、交织”等，并由此衍生了“构建、制造”等意义。

在20世纪，“文本”是文化的关键概念之一，在符号学、结构语言学、语文学、文本哲学、结构诗学和生成诗学中得到运用。文本的多维度特质使得文本学得以建立和完善[③]。关于文本的理解是多元化的：如结构诗学认为，文本的所有成分都是相互关联的，文本成分之间的联系具有跨层次的性质，以重复、变动的单位，即以主题的形式体现出来；从结构主义和符号学角度看，文本是一个有符号结构的世界，它提供无穷变化的空间，文本是作者、读者和文化上下文之间的对话；词语之间的联系可能是偶然的联想，但正是这种联想构造了词语的语义形象。分析心理学认为，文本的表层和单　的表象背后，存在深层次的、带有普遍性的特点，且这种特点具有神话的性质。分析哲学理论认为，文本并不描写现实，而是与现实进行复杂的互动。语义学认为，在一个文本内正确的东西，在其他文本中可能是错误的。

一个文本有三层意义：作者赋予的意义、文本自身所具有的意义、读者理解的主观意义。对文本意义的理解务必借助于诠释学的观点。诠释学作为理解和解释的学科，具有本体论和认识论的性质，提出了关于文本（理解）的一些特征：如文本的意义以不断理解的方式存在，它具有开放性、历史性和生成性，存在于作者和读者的“视域融合”之中；文

① 刘振天，杨雅文. 重建教学与人类知识史的结合——创新目标下的高校教科书改革 [J]. 高等教育研究，2003，(03)：76—80.

② 瓦季姆·鲁德涅夫. 20世纪文化百科词典 [M]. 杨明天，陈瑞静，译. 上海：上海三联书店，2013.

③ 史洁. 语文教材文学类文本研究 [D]. 山东师范大学，2013.

本理解以读者的“先入之见”为基础，显现了文本意义的主体参与性；文本意义的价值在于对现实和将来生活的关照，文本意义具有时代性。文本是一种复杂又有序的阐释对象，符号、结构、意义和存在途径是导致它多维度、多层次阐释的前提因素，文本具有系统性的结构和开放性的品格等。

（四）教材文本

教材的物化形式就是文本，所以它必然具备文本的共性，即可阅读性；教材同时又是特殊的文本，具有非他莫属的特殊性，即可“教学”或“教育”性。更具体地讲，教材文本是学习者数量最多、被赋予了政治性的权威、被学习者信赖或依赖、最耗费学习者精力和时间、对学习者影响最深远的文本。教材文本在教学过程中具备独特的地位，且作为教育的重要角色发挥着相应功能；教材文本的形成过程和面临对象也具备一定的独特性，因此教材文本是一种特殊的文本。

就本书的切入点而言，是在兼顾作为“政治”的文本和作为“美学”文本的基础上，从教育的视域出发，将明清教材文本作为“教育场域”的特殊文本来进行探究与分析。这种话语体系和分析框架将参照现有文本理论框架展开，是基于现实教育改革与发展诉求的一种探索性研究。

（五）文本考察

基于对文本的多角度认识，对教材文本进行考察的过程，就是对文本内容和形式进行解析、赋予理论假设并验证的过程。研究拟赋予教材文本理论的主体地位，或注入相关理论的基因或属性，从而开展教材文本内容及解释分析，推断教材文本编撰者编制教材文本的教育意图，并借助当代教育理论，分析具备经典文化属性的明清教材文本中典藏的教育逻辑。

二、研究思路

研究以考察教材文本为介入点，遵循从“还原”到“发现”再到“借鉴”的研究思路。“还原”即明清各类学校使用了哪些教材，理清明清时期的教材体系；“发现”即分析或揭示明清教材的发展特点、影响因素、知识指向与文本特征；“借鉴”即明清教材对当代教材改革与发展的借鉴价值，也就是本书的最终结论。整体研究思路体现为五个研究阶段：

（一）收集与整理：整理明清时期教材体系

研究通过查阅史料、收集文献的方式，梳理明清教材体系，查找中央官学、地方官学、著名书院、蒙学所使用的主要教材，形成书目清单，并对教材的形成背景、编撰者、版本或教育影响进行史料收集与整理，整体呈现明清教材的使用情况。

（二）社会和文化视角：明清教材的形成与发展

在分析明清教材体系的政治、经济、文化和教育背景的基础上，结合明清时期哲学、文学、艺术、历史、科学技术各领域发展历程，解析明清教材的形成与发展历程及嬗变特点。

（三）知识视角：梳理明清教材知识的类型与框架

在整理明清教材体系的基础上，进一步分类整理与解析明清教材的知识类型，展现明清教材中人物、事件、法规、经义、礼制、自然、诗文、技艺、科学等知识，确定明清教材知识的类型与框架，并选取经典的文本实例，总结明清教材文本知识的类型特点。

（四）教育视角：分析明清教材的文本特征

以明清教材文本作为研究对象，分析具体的明清教材文本的知识选择、来源与分布、表达方式、涉及范畴、所占比例、涉及的主题以及所产生的教育效能等内容，探究明清教材的文本特征，并选取经典或代表性文本，阐释明清教材文本的教育逻辑。

（五）实践视角：明清教材对当代教材建设的启示

对明清教材文本的优越性予以当代解读与阐释，揭示明清教材文本隐匿的教育性，并建构以明清教材文本特征为基础的、具有中国风骨的、理想的教材文本基因模型，拓展作为客体的教材文本的价值构建与功能担当，以回应当代教材改革的现实诉求，为当下教材建设和发展提供参考与启示。

第四节　研究内容与研究方法

一、研究内容

结合明清教材已有的研究基础，本书在整理明清教材史料的基础上，既把注意力放在明清教材史公认的杰作上，也放在任何一套普通的教材上，在文化、知识、教育、实践等视角下对具体的明清教材文本开展研究。因此，在本书中，明清教材研究的主要内容有：

（一）明清教材概览

分析明清教材的嬗变与发展特点，梳理明清期间各类学校的教材，包括官学教材、主要书院的特色教材和蒙学教材。

（二）明清教材的知识指向

对明清教材所涉及的经义、礼制、人物、事件、社会、自然、天文、技艺等各类知识进行整理和分析，总结明清时期教材的知识指向与结构框架。

（三）明清教材的文本特征

结合具体的明清教材文本，对教材文本的选择、编撰、表达方式等进行理论分析与实例阐释，探究明清教材的文本特征。

（四）明清教材的借鉴价值

对明清教材予以理论审视，分析明清教材作为教材的功能与价值，提炼明清教材文本的优越性，辨析明清教材可能存在的缺陷，为教材本土化建设提供参考与启示。

二、研究方法

（一）历史研究法

收集、归纳和分析明清时期教材文献与资料。明清教材有其特定的发展基础与历史使命，经历了一个长期的发展和演变过程，研究既将明清教材及其文本放在社会、经济、文化背景下考察，探究之间的关系和多重变量，也在详尽占有原始资料的基础上，将其置于当下社会文化语境之中，给予实事求是的分析与评价，对教材给予动态的、开放的、系统的研究，并加以历史性的梳理。教材研究的资料或素材，既可以完全来自教材内部，也可以吸取其他研究领域文献资料以充实相关研究。

（二）文本分析法

文本分析法是对文本的语言特征、文本组织及内容结构进行分析与研究，以描述或揭示文本本体及内容的存在镜像，辨识显现的内容范围、教学取向、潜在课程、潜藏预设及意味和交互效能，在此基础之上描述教材内容概况，探究文本中的知识及其生产意图、过程与影响等问题，其目的是弄清文本本质性的事实和趋势，揭示文本所含的隐性信息。

（三）文献研究法

搜集、梳理与研究文献，借鉴前人研究方法论与研究成果。本书需要运用跨学科研究成果，因此需要广泛梳理来自多学科的与“明清文化”“教材”“教科书”“文本”等主题相关的文献，在理论上加深对教材文本的认识，为教材研究特别是教材的文本研究确定研究思路与基础，并形成相应的研究观点。

（四）理论研究法

关于教材文本的理论研究，需要课程论、教材论、教学论、中国传统课程与教育论思想、习近平新时代中国特色社会主义思想等理论等作为理论研究的支撑，需要运用理论推演的方法形成教材本土化理论的新思维、新范式，要以思辨的形式研究明清教材。

第二章　明清教材的嬗变与发展

教材体现着不同时代、不同阶层的文化价值选择与要求。研究明清教材，务必要追溯明清教材的形成背景、发展渊源和影响因素。纵观明清教材体系，趋于保守和僵化的同时也出现了萌动的气象，一本本明清教材既是明清社会和文化的印记，也作为文化传承与反哺的工具呈现了独特的发展路径。

明清时期是中国两千多年封建社会的末世，封建统治露出了崩解的端倪但还很顽固，资本主义萌芽稀疏出现但相对稚嫩。在此期间，程朱理学在明朝建立之初就主导精神世界，继之心学崛起，但又在清代复归于程朱；明清之际，“西学东渐”“东学西渐”双向互动使得自然、数理、天文、技术、医学等各学科出现萌芽式发展，经济发展促使市民文学蓬勃兴起，其间专制的文教政策以及由此产生的科举选才使得训诂考订成为保守的学术之道，助力推动明清进入到古典文化总结阶段，明清时期的知识分子为整理中国古典文化作出了巨大贡献，以上种种对孕育与发展明清教材体系功不可没。[①]

第一节　明清思想流变与教材发展

从明朝建立至1840年前的清代，明清文化仍然沿袭秦汉定格的专制特征，但因新的历史条件，使文化沿袭中亦有变革。具体来看：“程朱理学”和“陆王心学”相继占据文化宗主地位但又复归于理学，确立了理学思想在明清教材体系中的中心地位，理学成为明清教材的指导思想；“陆王心学”的崛起扩展了经义与人文之学在民间的广泛传播，为明清经义类教材增添了诸多名家注释与编撰之作，使书院教材独树一帜，成为中国教育历史长河中思想启蒙及其民主教育改革的成果；之后，以李贽、黄宗羲、顾炎武、王夫之、颜元、方以智为代表的早期启蒙思潮以及明代中后期市民文学的兴起与各类教材的编撰与修订相生相连，并由此带动了明清时期类书、丛书的编纂，古籍的训诂考订，大型科学著作的涌现，这些对明清教材的门类及具体知识也有所增益。

---

① 冯天瑜. 明清文化史散论［M］. 武汉：湖北人民出版社，2018.

一、程朱理学为宗与教材

西汉统治者定《五经》为官方教材，表明封建统治者力图从德与才两方面培养封建治理人才。为了保证这一标准的落实，历代统治者不断借助国家手段来纠正选才偏差，通过创办官学和选择人才来推动全国的教化，从而开启了以培养和选拔人才为主的教育机制模式。

明朝建立之初，为了最大限度地赢得社会精英的认同，将尊经崇儒作为推行文治的思想武器，而对儒学的尊奉，就表现在对程朱理学的推崇之上。明太祖朱元璋曾规定："国家取士，说经者以宋儒传注为宗。"陈鼎曾在《东林列传》中记载："一宗朱子学，令学者非《五经》、孔孟之书不读，非濂、洛、关、闽之学不讲。"[①] 如此这般确立了程朱理学的宗主地位，勘定了理学作为明清教材指导思想的地位。明清盛行的理学，由唐代韩愈、李翱开启先河，胡瑗、孙复、石介等加以酝酿，周敦颐、程颢、程颐、邵雍、张载等北宋五子正式创立，至南宋朱熹集其大成。程朱理学依经书阐述义理，故称其学术为"理学"，力图将封建政治原则和伦理道德本原化，从孔孟出发，围绕"理""气""道""器""心""物"等范畴论证封建秩序的永恒性。

明清统治者之所以倚重程朱理学，是因为这种学说有利于对各阶层实行精神控制。建文帝秉承了明太祖"以礼治国"的做法，强化了文官的社会政治地位。而后来篡位的明成祖朱棣也沿用这种治国思想。1414 年在朱棣的主持下，翰林院学士胡广等人以程朱为标准，汇集经传、集注，编写官学教材《五经大全》《四书大全》《性理大全》，明成祖亲自作序，及缮写成帙并御奉天殿受之，命礼部刊赐天下，定为官方教材。明成祖亲令纂修这三部理学书籍，用意在于用程朱理学统一天下人的思想，并把理学作为治国之道。[②] 自此之后，三大全成为全国各级各类学校的核心教材。据《明太宗实录》卷一五八："使天下之人，获睹经书之全，探见坚贤之蕴……使家不异政，国不殊俗……"其中，对于程朱的经传、集注和接近程朱的其他注解，只是加以辑注，"自程朱后，不必再论，只遵闻行知可也[③]"。清朝同样大力提倡理学，规定科举考试的论题多从理学诸书中选取。为了在科举考试中进一步显示其尊奉程朱，康熙曾于 1690 年下令规定，除《孝经》外，兼用《性理大全》《西铭》《正蒙》《太极图说》《通书》等理学著作，与此同时，不仅刊刻已经成书的理学著作，并且令人搜集，重新编辑程朱之书，如《周易折中》《朱子全书》《性理精义》等。[④]

总之，明清统治者以程朱理学为指导，建构了以理学为宗的教材体系，并与科举制度相结合，对封建社会后期学术思想界甚至全社会都产生了深远的影响，甚至连戏曲、小

① 喻本伐，熊贤君．中国教育发展史［M］．武汉：华中师范大学出版社，1991.
② 吴洪成．中国教育史研究 中：中国学校教材史［M］．重庆：西南师范大学出版社，1998.
③ 熊承涤．中国古代学校教材研究［M］．北京：人民教育出版社，1996.
④ 吴洪成．中国教育史研究 中：中国学校教材史［M］．重庆：西南师范大学出版社，1998.

说、曲艺等其他文化领域也被深深打上了程朱理学的烙印。“自八股行而古学弃，《大全》出而经说亡”，程朱理学的影响几乎无处不在。

二、陆王心学崛起与教材

陆王心学始于程颢，经陆九渊和王守仁而完成。陆九渊和王守仁都经历了“顿悟”而确认了自己的思想。[①] 陆九渊在读古书“宇宙”的解释“四方上下曰宇，往古来今曰宙”时，大省“宇宙内事，乃己分内事；己分内事，乃宇宙内事”“宇宙便是吾心，吾心便是宇宙”。王守仁因“顿悟”对《大学》的主旨有了新的认识，完成了心学的思想体系。王守仁认为，宇宙是完整的精神实体，这个精神实体构成个体经验世界，主张“心即理也”，“心”为宇宙立法，理是由“心”而立的。他还提出了“良知”“正事”“用敬”等。“良知”是人的本性，人所要遵行良知的命令，即“致良知”；人的良知只有通过匡正自己事务的行动而得到延展，即“正事”；人应当“先立乎其大者”，然后“用敬”存之。

王守仁发展了陆九渊的心学，以“致良知”和“知行合一”为主旨，将封建伦理道德归结为个体天生的良知，孔孟之道因此成为每个人都能拥有的思维模式和生活常识，以“吾心”为标准冲击了长期被程朱理学所控制的思想局面，打破了“朱学”的一统天下，唤起了一代又一代士子新的思考，在冲破传统观念束缚、活跃学术氛围、解放思想方面起到了积极的作用。[②] 阳明学说“门徒遍天下，流传逾百年”。而他的思想言论由门人辑录为《传习录》，且作为书院教材广为流传。在此期间，王守仁还曾建龙岗书院，主讲文明书院，修复濂溪书院及白鹿洞书院，利用行政权发布告谕，制订乡约，开办社学，实施乡村教化工作。陆王心学的崛起使教材增加了许多经义的注释之本，并在民间流传甚广。王守仁尤其重视蒙童之早期教育，其中最为重要的莫过“歌诗”之教。有研究指出，王阳明的“心学”给《诗经》研究领域输进了一股新鲜的气息，从而创造了诗学史上一个文学研究兴盛、新见新说迭出的时代。[③]

阳明心学还对明代中后期文学形成了一定的影响。[④] 这具体表现为思想内容中呈现出明显的异端色彩和世俗化倾向，表现出异于前代的真诚、大胆、自由的个性特质[⑤]。与此同时，一批启蒙思想家纷纷著书立说，引发以个性解放、高扬人的主体精神为标志的社会思潮的兴起，早期启蒙思潮以及明代中后期市民文学的兴起对各类教材的编撰与修订产生了巨大影响。

总体而言，阳明心学的崛起富有反传统意味，有肯定主体独立性的倾向，预示着一种新思潮将崛起，虽然没有改变程朱理学主导的局面，但明中期以后书院逐步走向繁荣，启

---

① 冯友兰．中国哲学简史［M］．赵复三，译．北京：生活·读书·新知三联书店，2009．

② 刘毓庆．阳明“心学”与明代《诗经》研究［J］．齐鲁学刊，2000（05）：52－57．

③ 刘强．论阳明心学及其诗学与“诗教”［J］．孔子研究，2020（03）：17－28．

④ 王琦珍．也谈陆王心学对明代中后期文学的影响［J］．抚州师专学报，1999（02）：47－52．

⑤ 刘万里．心灵与性灵——论阳明心学与晚明文学的特质［J］．学术交流，2003（10）：147－150．

蒙思潮兴起、市民文学繁荣、明中晚期教材发展也呈现专科化或学科繁荣之势，这是阳明心学作为新文化源流在形成、发展、继承与传播过程中产生的持续性影响与重大作用。

三、颜元实学的涌现与教材

颜元是明末清初杰出的教育家，他从24岁开始从事私塾和书院教学活动，因其室名“习斋”被称为习斋先生。颜元的实学思想深刻批判了程朱理学脱离实际、空谈义理的书本教育，竭力提倡培养“实学”“实用”的“经世”人才。他认为，理学教人读书和静坐，得来的闻见议论如“如望梅画饼，靠之饥食渴饮不得”“读书愈多愈愚，审事愈无识，办经济愈无力”，而国家所需要的是能富国、强兵、安天下的治国人才。为此，颜元沿用了《大学》和儒家的传统观点，但赋予了新内容，其意在展示如何培养具备专门知识和技能的人才，反映了当时新兴市民阶级富国强兵的要求。颜元实学是一种进步的民主思想，著有《存学编》。该著作体现了颜元实学教育思想的内容及方法，实学教育理念在一定程度上与近代西方科学有一定的契合。颜元的实学主张在一定程度上驳斥了中国古代无科学教育思想的论断。①

实学思想与教材发展的关系应从颜元关于教学内容的主张来看。针对以往的教育内容，颜元进行了大胆改造：总的原则是“六府”，即金、木、水、火、土、谷；“三事”，即正德、利用、厚生；“六行”，即孝、友、睦、姻、任、恤；“六艺”，即礼、乐、射、御、书、数；“六德”，即知、仁、圣、义、忠、和；颜元还将“六艺”加入“兵农”“钱谷”，强调“兵农合一”“富国强兵”的教育。在他给漳南书院提供的教育计划中，也显现了这些内容，如艺能斋设置了水学、火学、工学、象数等科，从中可以看出，教学内容涉及自然科学知识，这是他已经接触到西洋近代文明的具体表现。虽然漳南书院因水患而很快停办，却成为清初独具特色的实学教育书院，其中所倡导实学教育内容和躬行实践的教学方法，是对程朱理学“求心”“求理”的猛烈冲击，展现了现代教育理念的萌芽。明清蒙学教材，特别是清代时期所编撰的教材堪称百科全书，其中的科学、兵农、钱谷等内容是广泛存在的，这也许就和颜元实学思想存在一定的渊源。明后期，科技教育课程最先出现在私学中，后逐步在官学中兴起，这与实学教育主张也不无关系。

另外，明末清初把自然科学特别是数学科学引进，包括颜元在内的清初学者都重视数学的研究和学习，作为理学家的陆桴亭对数学的研究和教学也很重视。这既与启蒙思潮有关，也与西学东渐过程中受西方数学和天文学等传入中国的影响有关。②

---

① 吴洪成. 中国教育史研究 中：中国学校教材史［M］. 重庆：西南师范大学出版社，1998.

② 熊承涤. 中国古代学校教材研究［M］. 北京：人民教育出版社，1996.

第二节　明清的文教政策与教材发展

明清两代教育浓墨重彩，在中国教育史上具有重要的地位。朱元璋称帝于南京后，从元代亡国的教训中悟出“世治宜用文”的道理，认为“教化之道，学校为本①”，因此制定了完备统一的文教政策，先后建立了国子监、府学、州学、县学和社学，形成了完整的教育体系。② 这种学制互相衔接、互相配套的教育体系有利于统治者推行专制的文教政策，实现对全国各类学校的高度控制，专制的文教政策及科举选才使各类教材呈现了各自的独特发展路径。

一、教材体系的界定与增编

据记载：凡举人、贡生、官生、恩生、功生、例生、士官、外国生、幼勋及勋戚大臣子弟之入监者，奉监规而训课之，造以明体达用之学，以孝悌、礼义、忠信、廉耻为之本，以六经、诸史为之业。“凡经，以《易》《诗》《书》《春秋》《礼记》，人专一经，《大学》《中庸》《论语》《孟子》兼习之。”清朝国子监的教学以《四书》《五经》《性理大全》《十三经》《二十一史》以及与清朝有关的诏、诰、表、策论等为主，在教学考核上，采用积分法，主要考核经义、论述以及各类文体。府州县学以礼、乐、射、御、书、数为教学内容，其礼律合为一科，乐射合为一科。明清各类学校对课程与教学的具体规定也等同于界定了明清教材的源流，并形成了以经义、礼制、律法、文体为主的教材体系。

明清期间，科举制度十分发达，并且在继承唐、宋传统的基础上，建立了完整配套的教育体系。明代加强了学校与科举的联系，科举要通过乡试、会试、殿试等多层级选拔。清代的官学制度大体上继承明朝的制度。学校和教材甚至成为科举的附庸。科举规定了教材的方向，科举重视什么，教材则同步。这导致士子欲求显达，必穷尽其教材。明清科举考试的主要内容有：一是经义，范围仅限于程朱注释的《四书》《五经》，以考察生员对儒家经典的理解与熟悉程度；二是论、判、诏、诰、表，考核生员对各类文体的掌握与运用；三是经史时务与策论，考核生员的政治见解。答题一律使用八股，即遵循破题、承题、起讲、入手、起股、中股、后股、束股的时文范式，文意必须为圣人立言，否则不予录用。以八股为代表的科举考试强化了经义类教材的主体地位。与此同时，由于科举的强制性界定，诸多律法类、文体类教材占据着十分重要的地位，且新增与修订类型的教材较多，内容体系庞大，大部分由统治者亲自编撰或大臣奉敕编著。部分教材成为科举的附

① 喻本伐，熊贤君．中国教育发展史（第二版）［M］．武汉：华中师范大学出版社，1999．

② 陈学恂，周德昌．中国教育史研究——明清分卷［M］．上海：华东师范大学出版社，1995．

庸，进一步增强了教材的功利性和保守性。

除开经义类教材理学三部大全，相比前朝历代，法制、礼仪、典故、告诫等类型的教材也成为统治者亲自编纂或作序的一批教材，或安排专人编写，如礼制类教材《皇明祖训》由明太祖朱元璋主持完成，并经历了多次修订，《为善阴骘》为明成祖读史籍时命近臣录编，《五伦书》为明宣宗所编。这些教材都在官学学习和科举出题中被广泛使用。

二、官学教材成为知识权威

明清期间，专制的文教政策形成了官学教育初盛长衰的图景，在促成官学教材的固化与封闭的同时，也显现了官学教材作为学术权威及知识垄断的特征。

明清时代对教育的高度控制，可以集中反映在对官学教材的绝对控制之上。官学教材全部由官方组织编撰，颁布天下，要求全国各类学校执行。明清期间，为了维护统治，对教材的内容选择也予以修订，凡不利皇权的一切思想言论，均在严禁之列。在以程朱理学为标准编纂《四书大全》《五经大全》《性理大全》的过程中，就对孟子“民贵君轻”的思想言论进行了删减，执行任务的刘三吾删去了“民为贵、社稷次之，君为轻”“国人皆曰贤”“国人皆曰可”“桀纣之失天下也，失其民也，失其民者，失其心也”“君有大过则谏，反复之而不听，则易位”等 85 条之多。

与此同时，明清统治者加强了政治权力和相关律法对教育及其相关活动的威慑作用，严密监视和控制士人文字工作，唯恐其扰乱统治秩序，对于在思想、文字上有“悖逆”的士人予以镇压，甚至株连九族。明代的文字狱以“莫须有”的罪名加害稍有思想的知识分子，凡文字与“贼”“光”“非”“僧”等字同形、同音、同义的，必捉拿是问。清代的文字狱更甚，如明史案处死者有 70 余人，《南山集》案处以极刑者有 100 余人，清代统治者还以“联想”“影射”给知识分子定罪，如学者沈德潜《咏黑牡丹》的“夺朱非正色，异种也称王”，诗人徐骏的“清风不识字，何事乱翻书”均被举报获罪。在明代，国子监设绳愆厅设置“集愆册”，其职责集法庭、刑场、学校于一体，并通过竹鞭、开除、充军或罚充吏股等惩戒形式钳制师生。各地学校置有“卧碑文”，令生员每天诵读。在洪武十五年颁布“学规”12 条，规定：“军国一切利病，并不许生员建言。”文字狱迫害以及一系列高压的教学管理制度进一步强化了官学教材的权威性与垄断性。

三、书院派特色教材的兴起

在近五百年的时间里，明清两代的书院发展都各有沉寂与兴盛，呈现两落两起的发展轨迹。书院经过唐的创制、宋的完善、元的推广，至明清时期，明初提倡科学取士，导致近百余年书院不兴，后因官学空疏，科举腐化，书院教育才出现复苏，渐渐进入繁荣与普及的发展阶段。随着明代书院讲会制的兴起，书院再度获得新生，书院逐渐播散至全国各地，发展呈现出前所未有的盛景，这也标志着书院迈入成熟的发展阶段。进入清代，官、民携手兴办书院，书院呈现新的发展趋势，如省会书院，民间各式乡村书院、家族书院等的兴起，到清末，书院已经相当普及，“十八行省的通都大邑无不皆设书院，即便是山村水寨，也可寻觅到书院的踪影[1]”，这些兴起的书院很大一部分承担着在民间普及文化知识的作用，且分布广泛，书院由此进入普及化的发展阶段，书院派特色教材也逐渐兴起，成为明清教材体系的主要组成部分。

明清时期的书院数量以千计，虽未正式列入官学体系，但也逐步形成了一个完整的书院教育系统。在兴衰更替与繁荣发展过程中，形成了通用教材与特色教材并驾齐驱的书院教材体系。各书院所使用的通用教材很大程度上与国学和地方儒学所使用的教材一样，大体为儒家经典。官方修订的教材《五经大全》《四书大全》《性理大全》等是大部分书院的通用教材。到清代，很多书院仿照元代程端礼所撰《程氏家塾读书分年日程》中制定的读书日程表，并将其中提到的如《小学》《大学》《论语》《孟子》《中庸》《孝经》等经义类教材作为当时书院教材，但是，与官学教材相比，书院通用教材中的律法、礼制、告诫、文本类教材较少，且其中的文体类教材偏重文章之“文”，而不太注重文牍之“体”。如钟山书院山长杨绳武为书院定下学规，以训诂、义理、文章三者释“穷经学”，更辅之以“通史学”，钟山书院所列书目大致为三类：第一类经学类，大体不离《四书》《五经》；第二类史学类，包括各种纪事史书、编年史书，以及旁史、旧史等；第三类为诗词歌赋类，如乐府、古诗、古赋、律赋诗集、歌集等。黄宗羲在甬上证人书院讲学时，主张学生必须读完《诗经》《易经》《三礼》等儒家经书，他把史学作为重要的教育内容，如他所强调的《二十一史》等。

书院采取讲授、会讲、讲会以及自学、讨论等教学组织形式和方法[2]。由于书院的教学程度、学术水平、教学宗旨以及教学内容等情况各异，因此形成了各种类型的书院，有的以讲求理学为主，有的以博习经史辞章为主，有的以考课为主，有的以学习西方科学技术为主。因书院的私人性质和主讲人的特点及学说主张等原因，每个书院又呈现出不同的教学特色，所使用的教材也各具特色，这就促进了书院特色教材的形成与发展。如以讲求理学为主的东林书院。东林讲学中反复强调并讨论的是周敦颐的《太极图说》、张载的《西铭》、程颐的《识仁篇》等。一代大儒孙奇逢在百泉书院主讲“夏峰之学”，《理学宗传》《中州人物考》可谓其学术思想的代表作，也是书院重要的教学参考书和教材。王守仁在赣县修建濂溪书院，刻印古本《大学》，印发《朱子晚年定论》，其弟子薛侃也将记录王阳明心学问题的论著《传习录》出版；在白鹿洞书院时，也曾经将其手书的《修道说》《中庸古本》《大学古本序》《大学古本》刻石于明伦堂，并集合门人在此讲学，他的《〈大学〉问》被其弟子们视为儒家圣人之学的入门教科书。黄宗羲的《明儒学案》述评学者二百零二人，每人先列小传，后载语录，对各人的经历、著述、思想以及学术的传授，都有扼要的叙述和评论，是中国最早有系统的学术史专著。

---

① 邓洪波．中国书院史［M］．上海：中国出版集团东方出版中心，2004．

② 张传燧．中国教育史［M］．北京：高等教育出版社．2010．

清代初期，学术思想、学术风气由明返宋，这股潮流进一步发展，一改书院七百余年间讲求理学的传统，而变为专重经史训诂，诂经精舍、学海堂、钟山书院等书院均注重古籍的训诂考订，形成了一批训诂丛书，其中部分书籍作为书院的教材得到了推广。清代中叶，在阮元在杭州创办诂经精舍和在广州创办学海堂后，博习经史辞章成为书院的一种新的学风。《学海堂志》曾记载：

课业诸生于《十三经注疏》《史记》《汉书》《后汉书》《三国志》《文选》《杜诗》《昌黎先生集》《朱子大全集》自择一书肄业。

学海堂推广了《文选》《杜诗》《昌黎先生集》《经籍纂诂》等一批具有训诂特色的教材。其中，《经籍纂诂》是阮元聘请藏镛堂等四十五位知名学者，收集唐以前（包括唐）经史、诸子、楚辞、文选以及字书、韵书中的传注训解，分籍撰集，历二年而成。在以训诂为宗旨的学海堂中，《经籍纂诂》成为众多学子案前必备之书，成为现代阅读古籍，研究古汉语、训诂学的必备工具书。[①] 阮元及当时天文、数学领域的一流学者编写了《畴人传》，规模浩繁，内容翔实。该书记载了古代至当时天文、历法、算学等领域二百八十名学者（其中包括三十七名外国人）的事迹和贡献。该书内容丰富，涉及历代天文历法推算资料、论天学说、仪器制度以及算学等许多方面。

与此同时，在书院的教学管理体制中，明清书院重视藏书建设，书院均建有藏书楼，以保证学生有供其自修的参考书籍，也形成了一大批新的对原有教材的注释本。

四、蒙学教材学科式发展

书院教育孕育了个体主体意识的启蒙，成为明清启蒙思潮的温床，由此带动了“西学东渐”与市民文学的兴起，并对蒙学教材的学科式繁荣产生了重大影响，因此在明清之际出现了一批上乘的蒙学教材，部分蒙学教材堪称古代儿童百科全书之作。

童蒙教育在我国古代教育和文化中占有重要地位，从宋到元，基本上完成了一套蒙学体系，产生了大批新的蒙书。除开基础的经典教材《三字经》《百家姓》《千家诗》外，还编写了《神童诗》《名物蒙求》《十七史蒙求》《叙千古文》《少仪外传》《性理字训》《小学诗礼》等，且大多由学者名人编写。在宋代蒙学教材中，既有综合的，也有分科的，这套体系和教材，为此后明清蒙学教材的极大丰富提供了坚实的基础。这为明清蒙学读本学科式发展提供了基础。

明清期间，书院兴起与“西学东渐”共同促进了有一定反君主专制色彩的启蒙思潮，包括李贽、黄宗羲、顾炎武、王夫之、方以智、颜元等人在内的学者，均从不同方面与理学展开论战，意在使封建统治阶级内部开展自我批判，痛斥空谈性理的腐朽学风，提倡经世致用思想，展现了初期的民主与科学精神。启蒙思潮的不断涌现，使科学、技术、天文、地理、建筑、医学等学科知识与素材不断更新，并被纳入蒙学编撰者的视野。

---

① 赵传仁，鲍延毅，葛增福. 中国书名释义大辞典 [M]. 济南：山东友谊出版社，2007.

“西学东渐”对明清蒙学的发展产生了直接的推动和诱导作用。以利玛窦为代表的西方传教士来到中国，将西方文化传入中国，利玛窦与徐光启共同翻译《几何原本》，与李之藻共译《同文算指》等书，[①] 这些活动不仅推动了科学知识的传播，还促成了徐光启等一批科学巨匠的崛起，以及一批具有划时代意义的科学杰作的诞生。与此同时，以“三言”“二拍”、《聊斋志异》《红楼梦》《儒林外史》等为代表的市民文学的兴起以及戏剧、绘画、科学技术的不断发展，这些都为明清蒙学读本的编撰者提供了海量的知识素材。

明清蒙学在继承唐宋蒙学的基础上，新编了一批蒙学教材，并呈现了学科式发展的特征，即在明清当时的文化背景下，最大程度地呈现了某一类别的知识及内涵。明清蒙学或私塾并未呈现专门化的属性，但其读本或教材的知识呈现了学科式的拓展与繁荣，表现在两个方面：一是原有知识的拓展，二是对新知识的选编与融合。在明清蒙学读本体系中，除开原有的基础识字类读本和部分经义类读本，新编一批关于典故与名物、训诫与规矩、文体与诗词、科学技术、女性训导读本，拓展了各类知识的内涵与外延，且部分读本不断被后人改编或更新，版本繁多，有些选本在全国流行，影响很大。总体来说，蒙学读本知识的学科式拓展将识字、习文、礼仪、规范、义理、技术等知识给予了生动的阐释。比如：《龙文鞭影》收集了两千多个历史典故，堪称典故大全；《小儿语》《弟子规》对儿童的坐、立、行、言等行为规范都进行了详尽的规定，是具体细化的行为指导书；《古文观止》收集佳作二百多篇，体裁风格多样，有论说、序跋、奏议、诏令、赠序、书、牍、传状、叙记、杂记、碑志、典志、颂赞、哀祭、辞赋、骈文等，是经典文体及名作大全；《幼学琼林》全书共分四卷，有天文、地理、岁时、朝廷、文臣、武职等三十三类知识，且每类知识极尽其全。这些具有丰富特征的蒙学读本是国学的根基，培养熏陶出一代又一代品行端正、学识渊博的中国式知识分子。

与此同时，明清蒙学教材在内容上的学科式拓展是以“跨学科”方式呈现的，即在某一本读本中呈现了多学科的知识。以《声律启蒙》为例，以“识字”为基础，以“韵律”为方式，但巧妙地呈现了百科的知识，读本中“一东”部分，在不到八十字的文字里，提及了“云、雨、雪、风、晚、晴、天、暑、寒、春、霜”十一个天文常识关键词，“杨柳、杏花、大雁、宿鸟、虫、燕”六类动植物，“岭北、江东、河岸、花园”四个场地，“剑、弓、尺、钧”四种器物等多门类知识。《三字经》虽为基础的识字读本，但用一千多字讲述了五十多个历史人物及其典型事件。这种“跨学科”的拓展方式使儿童进一步提升了文学常识和文化素养，增长了见识，开阔了眼界，并达到陶冶和塑造人格修养的目的。

五、教材集成与训诂考订

明清的文教政策不仅强化了教材的权威性与垄断性，而且有利于调动官方人力和财力，在较长的时间内对几千年来的典籍文物进了收集、钩沉、订正、考辨和编纂，成就了

① 冯天瑜. 明清文化史散论［M］. 武汉：湖北人民出版社，2018.

明清两代在整理古文化方面所做的巨大贡献，也成就了明清时代教材的集成化编写。特别是清代，把史学的学习提到过去没有的高度，体现出对宋明理学空疏的反动，这也是八股选才和文字狱压迫下的产物。①

明清时期对古典文化的汇编与总结主要表现在：一是类书、丛书的编纂。明清类书、丛书、辞书的编纂对保存、整理古籍的功绩是巨大的，其规模的宏富也可谓震古烁今，如《永乐大典》《康熙字典》《四库全书》均可称作中国以至世界中世纪文化典籍之“最”。二是对古籍的训诂考订。由于明清统治者屡兴文字狱，实行高压与笼络相结合的文化政策，导致清朝的学者提倡“汉学”，即以汉代的经书注疏为论学依据，促成了古书校勘、古文字学、历史语言学等方面的巨大成就。② 由于清朝汉学家的卓越贡献，现在我们读古代典籍相比明朝时容易得多，使学者对古代思想的研究兴趣又重新兴起。三是涌现大型古典科学著作，如李时珍的《本草纲目》、徐光启的《农政全书》、潘季驯的《河防一览》、宋应星的《天工开物》、方以智的《物理小识》以及徐霞客的《徐霞客游记》等都是封建社会末期科学成就的高峰。③ 这些著作对官学以及蒙学的教材系统性与学科化发展形成了一定的影响。这三个方面的汇编与总结也促进了教材的整体性汇编与规模化修订：如清代将《性理大全》修订为《性理精义》；应官方要求，阮元对《十三经》进行注疏，编成《十三经注疏》，蒙学教材《三字经》《幼学琼林》等教材也被众多学者多次改版，产生了广泛的社会影响。

① 熊承涤．中国古代学校教材研究［M］．北京：人民教育出版社，1996．

② 冯友兰．中国哲学简史［M］．赵复三，译．北京：生活·读书·新知三联书店，2009．

③ 冯天瑜．明清文化史散论［M］．武汉：湖北人民出版社．2018．

第三章　明清教材概览

依据明清教育发展历程，明清教材集中涌现在官学、书院与童蒙教馆的教育实践过程之中，因此将明清教材分为官学教材、书院特色教材、蒙学教材三大类别。

经文献搜集与整理，明清时期的官学教材根据教材内容属性分为经义、律政、礼制、告诫、文体、军事及科技七类；书院特色教材根据理学、心学、实学和考据学分为四类；蒙学教材根据教材内容属性分为基础识字、伦理规范、名物典故、诗歌作文及数理科技五类。具体书目分别见表3-1、表3-2、表3-3，现将各类教材予以分节介绍。

表3-1　明清官学主要教材

类别	主要教材
经义类	《五经大全（周易大全、书传大全、诗经大全、礼记大全、春秋大全）》《四书大全（大学章句、大学或问，中庸章句、中庸或问，孟子集注大全，论语集注大全）》《十三经注疏》《性理大传》《性理精义》
律政类	《明大诰》《大明律》《大明会典》《大清律集解附例》
礼制类	《皇明祖训》《大明集礼》《礼仪定式》《孝顺事实》《五伦书》《颜氏家训》
告诫类	《为善阴骘》《说苑》《贞观政要》《历代名臣奏议》《训士卧碑文》
文体类	《钦定四书文》《文章辨体》《唐宋八大家文钞》《古文辞类纂》《古文关键》《古文释义》
军事类	《孙子兵法》《吴子兵法》《司马兵法》《李卫公问对》《尉缭子》《太公六韬》
科技类	《九章算术》《数理精蕴》

表3-2　明清书院主要特色教材

类别	主要特色教材（不含通用教材）
讲求学理	《小心斋札记》《东林论学语》《高子遗书》《关学编》《理学宗传》
讲求心学	《传习录》《〈大学〉问》《心性图说》
实学为主	《农政要务》《宋元学案》《明儒学案》《易学象数论》
考据学派	《皇清经解》《经籍纂诂》《畴人传》《文选》《杜诗》《昌黎先生集》

表 3-3 明清蒙学主要教材

类别	主要教材
基础识字类	《三字经》《百家姓》《六言杂字》《千字文》《魁本对相四言杂字》
伦理规范类	《孝经》《二十四孝图说》《弟子规》《太公家教》《小儿语》《续小儿语》《小学古训》
名物典故类	《幼学琼林》《龙文鞭影》《蒙求》《书言故事》《日记故事》《童蒙观鉴》《鉴略妥注》
诗歌作文类	《千家诗》《唐诗三百首》《声律启蒙》《训蒙骈句》《古文观止》《东莱博议》《小学诗》《神童诗》《笠翁对韵》
数理科技类	《小学稽业》《算学启蒙总括》

第一节 明清时期的官学教材

关于明朝时期官学使用的教材，《明史·职官志二》有记载：以孝悌、礼义、忠信、廉耻为之本，以六经、诸史为之业。人专一经，《大学》《中庸》《论语》《孟子》兼习之。学生在学习期间，每月要被测验一次，内容是："试经、书义各一道，诏、诰、表、策论、判、内科二道。"[①] 由此可以界定明代国子监使用的主要教学内容及使用的教材；而清代国子监生员要加读《十三经注疏》，其他教学内容及教材与明代相同。[②]

明代其他官学，如宗学、武学等，除开主要经义类教材，还学习《皇明祖训》《孝顺纪实》《为善阴骘》"武经七书"等书。地方官学分科教授，礼、律、书为一科，乐、射、算为一科，除经史必学之外，可选学诏、诰、表、笺、疏、义、碑、传记[③]。清朝府、州、县学的教学内容，据《清朝文献通考·学校考七》记载，除《四书》《五经》外，还学习《资治通鉴纲目》《大学衍义》《历代名臣奏议》《文章正宗》《圣谕广训》《大清律》《卧碑文》《圣谕十六条》等书。根据史料整理，官学教材大体可分为经义、律政、礼制、告诫、文体、科技、军事七大类别，分别予以介绍。

一、经义类教材

（一）《五经大全》

《五经大全》由胡广等奉敕修，共有《周易大全》二十四卷，《书传大全》十卷，《诗

① 万朝林. 明朝文化［M］. 南京：南京出版社，2005.

② 曲铁华. 中国教育发展史纲［M］. 长春：东北师范大学出版社，2006.

③ 宗韵. 中国教育通史 8 明代卷［M］. 北京：北京师范大学出版社，2013.

经大全》二十卷，《礼记大全》三十卷，《春秋大全》七十卷。[①] 明成祖朱棣为之作序，颁行天下，遂成为官定教科书。《五经大全》的编撰者在“全”上下了很大的工夫，以增补传注本为主，并增加了一些与该书相关的内容[②]。《五经大全》以“抄袭”成书，为人诟病，但有编撰的功效。其颁发全国，让国子监及天下府州县学学习，科举考试也以此为标准。凡不符合程朱理学的则视为异端，予以排斥。

其中，《周易大全》位于《五经大全》之首。它由明代胡广、杨荣、金幼孜等四十多位学者共同编撰，是一部汇集前人观点的著作。[③] 全书二十四卷，书前有易序、凡例以及引用先辈学者的姓氏、周易陈子传序、上下篇义。正文按《周易》上经三十、下经三十四、《系辞传》等十传的顺序排列，在每一经、传下列出先辈儒家大师的评点。增加了一百三十多家诸儒的议论，且其收集、选择与收录得当。《周易大全》还增设了类目，如《周易朱子图说》《易五赞》等，扩大了资料的范围，体现了“全”的宗旨，成为科举取士的标准教科书之一。

《书传大全》以蔡沈《书集传》为本，蔡沈为朱熹学生。《书传大全》实质来自陈栎《尚书集传纂疏》，陈师凯《书蔡传旁通》，而陈栎沿袭了蔡沈的《书集传》。全书丰富了《书集传》的内容，增加一百三十二注，还增加《书说纲领》《书传大全图》，在保存了《书集传》原貌的基础上，增加对《尚书》主旨及具体内容的理解，并将相传孔子所作的序集置于书后。《书传大全》不仅丰富了内容，增加《书说纲领》等，有助于对主旨及具体内容的理解，也保存了《书集传》的原貌，对构架未加任何改动，并留下了注释发展的时代印迹。

《诗经大全》共二十卷，以朱熹《诗集传》为主，抄袭刘瑾《诗传通释》，将原书的《小序》合为一篇，作为首页。增加了《诗传大全图》《诗传大全纲领》。此书完全是为科举考试而编纂的书籍，从《诗经》学研究来说，是无所可取的。[④]

《礼记大全》根据元朝陈澔《云庄礼记集说》补益而成。《云庄礼记集说》以简明易理解而长盛不衰，这是《礼记大全》选它为本的重要原因。《礼记大全》强调以此为宗，诸家之说分注于下，不合不取，但亦被评价为“亦不免抄袭”。

《春秋大全》以胡安国《春秋传》为主，袭自汪克宽《春秋胡传附录纂疏》，《春秋胡传附录纂疏》在元末已被朝廷纳入考试范围，很受参加科举的士子欢迎。《春秋大全》首页记载《胡氏传序》，然后为《总论》，并增加了《诸国兴废说》《春秋二十国年表》。全书根据《春秋传》的特点，注重增补年代、史实等方面的内容，突出了《春秋传》的史书功能。

《五经大全》是明清各级各类学校的重要教材，对于传承与弘扬宋元儒学及思想意义重大，不仅统一了全国思想，也得到当时儒士大夫的文化认同，作为统治阶层的思想控制

① 顾明远. 教育大辞典 8［M］. 上海：上海教育出版社，1991.

② 曾贻芬，崔文印. 中国历史文献学史述要［M］. 北京：商务印书馆，2000.

③ 李修生，朱安群主编. 四书五经辞典［M］. 北京：中国文联出版公司，1998.

④ 张蕊. 古代大学教材《诗经》教本考论［M］. 北京：北京出版社，2007.

之书，有效地实现了预期的统治目标。

（二）《四书大全》

《四书大全》，全名《四书集注大全》，共三十六卷，由胡广等奉敕修。《四书大全》可以说是朱熹《四书章句集注》的放大。[①]《四书大全》引用由汉至明诸儒之说一百零六家，其中绝大多数是程朱一派的学者。[②] 全书包括四个部分：《孟子集注大全》，《论语集注大全》，《中庸章句》《中庸或问》，《大学章句》《大学或问》。其中：《大学》《中庸》两书只是罗列朱熹之《章句》《或问》，未附诸儒之说；《孟子》《论语》两书则于朱熹《集注》文字中，逐章、逐节附入诸儒之说。

《大学章句》。"大学"是相对"详训诂，明句读"的"小学"而言的，古代儒家认为它是讲治国安邦的"大学"，是初学者入德之门。《大学》为《礼记》第四十二篇，由宋代程颢、程颐从《礼记》中抽出，朱熹将其与《论语》《孟子》《中庸》合编并注释，即《四书》。

《大学或问》。南宋朱熹诠释《大学》的著作，与《大学章句》相表里，载《朱子语类》卷十四。因采用问答体形式，故称"或问"。朱熹著《大学章句》后，为避免学者尚有不理解处，因此以释疑。自称《章句》如《大学》篇的注脚，而《或问》篇"乃注脚之注脚"，教学者"且去熟读《大学》正文了，又仔细看《章句》，《或问》未要看，俟有疑处，方可去看"。[③]《中庸或问》编纂来源同《大学或问》。

《中庸章句》。《中庸》原为《礼记》中的第三十一篇。《中庸》的作者相传为孔子之孙子思。宋代朱熹将它和《大学》从《礼记》中分出，与《论语》《孟子》并为《四书》《集注》。此后历代官学确定《四书》《五经》为科举考试必读书。[④]

《孟子集注大全》与《论语集注大全》以倪士毅《四书辑释》为蓝本，杂抄诸儒旧说而成。《孟子集注大全》《论语集注大全》除了抄录外，还增加了诸儒之说。[⑤]

《四书大全》推崇朱子注解，并对不合时宜的地方进行了删除或修订，旨在既维护理学的文化宗主地位，又维护统治阶层的绝对权威。与《五经大全》一致，《四书大全》成为官定主要教材后，即颁行天下，成为士子科举的标准参考之书。

（三）《性理大全》

《性理大全》为官修"三大全"之一，也由胡广等奉敕修，辑成于永乐十三年，清代康熙帝命李光地"撷其精华"，编为《性理精义》。[⑥]

《性理大全》共七十卷，是宋代理学著作与理学家言论的汇编，采录了一百二十家先

---

① 白寿彝总主编；王毓铨主编. 中国通史 15 第 9 卷 中古时代 明时期 上［M］. 上海：上海人民出版社，2015.06.

② 何晓明. 中华文化事典［M］. 武汉：武汉大学出版社，2008.

③ 叶汉声. 国学经典导读［M］. 长沙：湖南师范大学出版社，2015.

④ 叶汉声. 国学经典导读［M］. 长沙：湖南师范大学出版社，2015.

⑤ 罗安宪主编. 中国孔学史［M］. 北京：人民出版社，2008.

⑥ 余源培. 哲学辞典［M］. 上海：上海辞书出版社，2005.

儒有关性理的文章和议论。[①] 可以说，《性理大全》在当时是一部百科全书，是当时同类书籍中最详细、门类最多的书。[②]《性理大全》前二十五卷收录九篇著作，以性理为中心，完整反映了性理之学在某一领域的成就，如《太极图说》《西铭》《正蒙》《洪范皇极内篇》等，从第二十六卷开始分门编纂为理气、鬼神、性理、道统、历代、君道、治道、圣贤、诸儒、学、诸子、诗、文等十三类。

《性理大全》的编撰者注重分类与选材，使其成为一部系统反映性理之学的典籍，不足是前后体例不一致，导致有拼凑之嫌，但它作为某一方面内容的大全，材料集中，便于使用。朝廷将其与《五经大全》《四书大全》刊赐天下，社会影响很大。

（四）《十三经注疏》

《十三经注疏》是清代阮元奉敕主持校刻的十三部儒家经典注疏的汇编。阮元曾创立诂经精舍和学海堂，提倡朴学。《十三经》是儒家的重要典籍，从汉代到代唐，曾有“五经”“九经”“十二经”之名。[③] 十三经指《易经》《尚书》《诗经》《礼记》（周礼、仪礼、礼记）、《左氏春秋》（左传、公羊传、穀梁传）、《孟子》《论语》《孝经》《尔雅》。《十三经注疏》共四百一十六卷，唐代以后逐步形成学校的教材。明嘉靖时期有闽本，根据最早的南宋十行本重刻。阮元主持勘刻时，将南宋十行本残存的十一经和宋刻的“仪礼”“尔雅”合刻，世称“阮刻本”，重视注疏对学习经书的作用，并撰有《校勘记》。《十三经注疏》兼采众说，全书可见经学各流派之宗旨，孙颖达、贾公彦、杨士勋等人的政治、伦理和哲学思想也在其中。

二、律政类教材

（一）《明大诰》

《明大诰》由明太祖朱元璋亲自主持编纂，目的是严刑惩治吏民犯罪，是明代各级学校授课的主要教材。全书共二百三十六条，分为《大诰》《大诰续编》《大诰三编》《大诰武臣》。各编首载御制序言，《大诰三编》后有翰林学士刘三吾撰写的跋文，《大诰续编》后另有明太祖的后序。《明大诰》由案例、峻令和明太祖的“训诫”三个方面的内容组成：一是条目。在二百三十六个条目中，《大诰》七十四个，《大诰续编》八十七个，《大诰三编》四十三个，《大诰武臣》三十二个，记载具体案例一百五十六个。二是峻令。峻令由朱元璋亲自设置，颇具时代特色，达六十多种，有些是设立专条，表述明确，有些则夹杂于文中。三是“训诫”。主要向人们讲述“趋吉避凶”之道，宣传“明刑弼教”和“重典治世”的思想和法律主张。

《明大诰》直陈时政利弊和治国之道，毫无润色和曲笔之处，是明朝重典治国思想的

① 北京市文物局．北京文博文丛 2018 第 2 辑 [M]．北京：北京燕山出版社，2018.

② （明）胡广等撰，孔子文化大全编辑部编．性理大全 [M]．济南：山东友谊书社，1989.

③ 贺云．说“十三经注疏”[J]．高师函授学刊，1995（02）：56

具体体现。因其刑酷法严，在朱元璋离世后即被废止。[①]

（二）《大明会典》

《大明会典》是明代中叶修订的行政法律法规汇编，简称《明会典》。始纂于弘治十年（1497 年），共一百八十卷，经正德时参校后刊行。嘉靖时经两次增补，万历时又加修订，撰成重修本二百二十八卷。其主要依据为洪武二十六年（1393 年）校修的《诸司职掌》，并参照《大明令》《大明集礼》《洪武礼制》《礼仪定式》等十二种法律法规籍册编成，并附以历年有关事例。

该书所记明代行政法规和典章制度非常完备，是当时百司必要参阅之书。《大明会典》是中国封建时代最具代表性的行政法典，并广为后世编纂行政法典者所效法。清朝颁布的《大清会典》就是仿照《大明会典》撰写成的[②]。

（三）《大明律》

《大明律》经历了多次修订，于 1397 年由明太祖亲自裁定颁布，《大明律》有三十卷，共四百六十条，分为七篇，三十门。[③]《大明律》是明太祖朱元璋规定的明代的基本法典，提炼了丰富的法制建设经验，是中国社会具有代表性的法典之一。其体例严密，内容详备，法律条文十分简要，设有“十恶”与“五刑”，定罪量刑非常严酷。明太祖将《大明律》视作维护朱明皇朝长治久安的法宝，为贯彻推行，还汇集官民犯罪事例来解释律条。《大明律》也是研究明代政治、法制、社会经济的基本史料。

（四）《大清律集解附例》。

《大清律集解附例》是清初制定的国家的基本法律，是清朝第一部完整的成文法典，大学士刚林主持审校后翻译为满汉双语，于顺治四年（1647 年）颁行。《大清律集解附例》共三十卷，四百五十八条，其体例、条文最初都基本沿用明代旧制，相当于明律的翻版。在编纂体上仿《大明律》，分七篇：名例、吏律、户律、礼律、兵律、刑律、工律。《大清律集解附例》是清朝的基本法典，为清代的经济、政治、礼教、军事等制度提供了根本的法律依据。[④]

三、礼制类教材

（一）《皇明祖训》

《皇明祖训》是明太祖朱元璋主持编撰的明朝典籍，初名《祖训录》。明太祖对《皇明祖训》的编撰极为重视与认真，始令翰林编辑成书，由礼部刊印发行，后更名为《皇明祖

---

① 杨一凡．明《大诰》初探［J］．北京政法学院学报，1981（01）：55－63．

② 罗大乐，贡绍海，马玉龙．中国法律文化萃编［M］．济南：山东人民出版社，2014．

③ 宋清玉．历史文化常识全知道［M］．长春：北方妇女儿童出版社，2014．

④ 罗大乐，贡绍海，马玉龙．中国法律文化萃编［M］．济南：山东人民出版社，2014．

训》，并将首章的《箴戒》改为《祖训首章》。[1] 北京图书馆现存《祖训录》明抄本和《皇明祖训》明刻本。

《皇明祖训》是一部专为训导后世子孙的皇室家训。内容是为巩固朱明皇权而对其后世子孙的训诫。全书主要内容包括皇朝之国策、为帝之道、皇帝与宗藩的关系、皇帝谨防之事、礼仪典章等。全书书目有十三章，分别为祖训首章、持守、严祭祀、谨出入、慎国政、礼仪、内令、内官、供用、法律、职制、兵卫、营缮。内容以皇室内部事务为主，且与家训类所注重的修身、治家、处世、为学、立志、气节、为政内容一致。《皇明祖训》不仅是训导后世子孙的皇室家训，还是传授治国之道的经验之作，更是为后代确定施政纲领和方针的遗训。该书虽然名为皇家家法，但成为洪武时期的职官、亲藩、后妃、宦官等制度的重要史料，翔实程度较高。

（二）《大明集礼》

《大明集礼》是明朝典制文献。徐一夔、梁寅等奉敕撰修。《大明集礼》原本五十卷，嘉靖重修，增为五十三卷，主要版本有天一阁藏本和明嘉靖间内府刻本。该书收集了上起唐尧虞舜，下至明代的历代礼制，分五礼，内分十一门。其中，五礼为吉礼十四项，嘉礼五项，宾礼二项，军礼三项，凶礼二项，其余六门为冠服、车辂、仪仗、卤簿、字学、音乐等名目。[2]

嘉靖期间《大明集礼》重刊后，由于士大夫和地方官员的推动，民间兴起了采国礼而下效的风气，其作用也逐渐向基层渗透，如矫正民间冠婚丧祭礼、完善乡约族规。另外，《大明会典》也收存了不少《大明集礼》的规定。该书为明朝一部礼制全书，不仅仅是作为教材，还具有礼仪立法的性质，对明代后期产生了很大影响，被称为明人心目中“美矣善矣”的一代典章和万世法程。[3]

（三）《孝顺事实》

《孝顺事实》由明成祖朱棣敕编，并为每则故事撰写了评语，并附诗赞。《孝顺事实》共十卷，以时间为顺序，记载了从先秦至明初期的孝子典型。孝的行为由以往史书所重视的葬丧等事死之礼，转向了衣食奉养等有实践价值的事生孝行，提供范例，把孝道点滴融入日常生活。

该书前九卷为孝子故事，第十卷专讲孝女故事。孝子故事分为饮食起居、顺敬爱悦关怀其亲、追慕思亲、血亲复仇、忠君、侍疾、救亲、寻亲、营葬居丧等九类。《孝顺事实》成书之后即颁行于天下，并通过学校教育、宗族家法、家庭教育、私塾讲读等方式而广泛流传，促进了孝道思想在民间的传播与发展。

（四）《礼仪定式》

《礼仪定式》由礼部尚书李原等编定，1387 年诏编并颁行。因“近者臣僚尊卑体统，

---

① 中国大百科全书出版社编. 中国大百科全书——中国历史［M］. 北京：中国大百科全书出版社，1994.

② 张晋藩. 中华法学大辞典：法律史学卷［M］. 北京：中国检察出版社，1999.

③ 梁健.《大明集礼》撰刊与行用考述［J］. 西南大学学报（社会科学版），2020（01）：159－169.

多未得宜”，诏六部、都察院、通政司、左春坊、大理寺等部门编，共有十四目，三十一条。朱元璋十分重视，“命在京公侯以下，在外诸司官员，并舍人、国子生及儒学生员民间子弟，务讲习遵守，违者问如律①”。

《礼仪定式·前序》记载：斯礼也，达乎公侯、驸马、大夫、士，使之皆有持循遵守，大小有伦，尊卑有序，秩然不相紊乱。其中内容不仅包括百官朝参、筵宴、出使的礼仪，官员行事及常行仪，还对官员的冠、盖、服色、房舍的等级逐一做出了规定。目前天一阁文物保管所藏有《礼仪定式》明嘉靖徽藩刻本。②

（五）《五伦书》

《五伦书》是明宣宗朱瞻基生前所编，现有明正统十二年内府刻本。正统十二年，英宗制序刊行。此书开本宏阔，刻印精良，序尾和卷首均刻有明宫“广运之宝”玺印，是明代早期宫廷刻书的经典之作。③《五伦书》分为六十二卷，计有总论一篇，君道二十二篇，臣道三十篇，父道二篇，子道三篇，夫妇之道一篇，兄弟之道一篇，朋友之道二篇。书中宣扬忠、孝、悌、忍和善为五伦的道德根本，内容主要采集经传子史中的嘉言善行，并分类阐述之。关于《五伦书》，李晋华《明代敕撰书考》中记载“欲嘉与万方，讲求其理，将以施之于身，行之于家，而达之于邦国”，④ 是为推崇儒家伦理观念之书。

（六）《颜氏家训》

《颜氏家训》的作者是颜之推。该书是颜之推记述个人经历、思想、学识以告诫子孙的著作。《颜氏家训》把家庭教育放在首位，提出了士大夫家庭教育的普遍问题，后世奉为“家教规范”。全书共有七卷，二十篇，分别是序致、教子、兄弟、后娶、治家、涉务、省事、止足、诫兵、养心、归心、风操、慕贤、勉学、文章、名实、书证、音辞、杂艺、终制。全书以说理为主旨，先亮明思想观点，然后列举若干事例为证。

该书是中华民族历史上第一部内容丰富、体系宏大的家训，《颜氏家训》对当时士大夫教育脱离实际、腐败空泛和世族子弟倚仗门第、不学无术的现象进行揭露批判，主张“实学”教育，在中国古代教育思想史上很有影响，也是一部学术著作。明朝有颜嗣慎刻本和程荣《汉魏丛书》本，清朝有朱轼评点本、卢文弨刻《抱经堂丛书》本、文津阁《四库全书》本等。

四、告诫类教材

（一）《为善阴骘》

《为善阴骘》共十卷，书名取自《尚书·洪范》：“惟天阴骘下民。”全意为天虽不言，

① 马渭源. 大明帝国 洪武帝卷 中［M］. 南京：东南大学出版社，2014.

② 刘雨婷. 中国历代建筑典章制度 下［M］. 上海：同济大学出版社，2010.

③ 首都图书馆. 首都图书馆藏国家珍贵古籍图录［M］. 北京：国家图书馆出版社，2013.

④ 杨翼骧编著；乔治忠，朱洪斌订补. 增订中国史学史资料编年（元明卷）［M］. 北京：商务印书馆，2013.

但于冥冥之中监督人之行为，判善恶而降赏罚，劝人行善积德。有明永乐间刻本，有御制序及后序，现存于北京图书馆。此书为朱棣阅读史籍时，读到为善获报者，命近臣录之，最后总计录得一百六十五人。该书以四字作为标题，搜罗春秋时期至明代的一百六十五个典故，辑为一书。

《为善阴骘》受到宋元劝善类小说发展的影响，具有较强的故事性，语言简洁，比较通俗，且说教味道浓厚。永乐年间起，《为善阴骘》为国子监的品德教育教材，流行较广。在科举之际以大诰之例为标准出题，且赐给贵族士大夫阶层诵习，一些地方乡约、社学、宗室弟子入学也要诵习此书，并传至朝鲜、越南，在国外形成了一定的影响。[①]

（二）《说苑》

《说苑》是刘向主持校理皇家图书期间，在《说苑杂事》的基础上经整理而成，既有原来的内容，也有新编成分。[②] 全书原有二十卷，取材广泛，采获了大量的历史资料，分类记述春秋战国至汉代的逸闻轶事，每类之前列总说，事后加按语，不少篇章中有关于治国安民、家国兴亡的哲理格言。

刘向编撰本书的目的是为弘扬儒家文化，巩固刘氏政权。在唐代，《说苑》是治国理政的重要参考文献，到明代，其地位进一步提高，被御列为国子监课程，是生员必修课。清代《四库全书荟要》也收录了此书。清人谭献评此书"以著述当谏书"，说明了《说苑》一书的政治教化功能，且由于内容多，哲理深刻，文字简洁生动，清新隽永，被认为具有较高的文学价值。

（三）《贞观政要》

《贞观政要》由唐代史学家吴兢著。该书体现了"君依于国，国依于民"的重民思想，是一部政论性史书，全书共十卷四十篇，记述了唐太宗与群臣关于治国方略的问答对话，包括大臣的劝谏、奏议，并记载了部分政治经济重大措施，目的在于规范君臣思想道德和军政思想。

此书撰写时间是唐王朝由盛而衰期间，吴兢看到当时的状况，想要向唐玄宗进谏，希望起到亡羊补牢的作用，于是写作此书，希望能给最高统治者以警示。[③]《贞观政要》被奉为治国宝典，对历史统治者具有借鉴和教育意义。《贞观政要》版本较多，在明代有书坊刻本、中央机构刻本和藩府刻本。清代也有刻书机构刊刻《贞观政要》，《四库全书》也收录此书。

（四）《历代名臣奏议》

《历代名臣奏议》由黄淮、杨士奇等编著，1416 年成书，共分六十四门，共三百五十

① 杨宗红．理学视域下明末清初话本小说研究［M］．广州：暨南大学出版社，2016．

② 方勇主编；程翔评注．说苑［M］．北京：商务印书馆，2018．

③ 曲天立．读百书 志千载［M］．北京：语文出版社，2015．

卷。① 明崇祯年间重新刻本，由张溥删改为三百一十九卷，八十四册，并加有标题或是提要。《历代名臣奏议》收集了自商周至宋元历代名臣学士向当朝帝王进言的奏、疏、议、札子、封事、策对等，共八千零九条，内容涉及政治、经济、军事各个方面，分为君德、圣学、孝亲等六十四门。全书收罗宏富，历代典制沿革、政治得失、贤奸消长等，都可从中一览知悉，可与《三通》《资治通鉴》相互参证。《历代名臣奏议》不仅为后世提供和总结了历史经验教训，而且反映了相对民主的风气，为文臣学士们开辟了群言的空间②。

（五）《训士卧碑文》

明洪武十五年谕礼部颁发学校禁例十二条，禁止生员干涉词讼及妄言军民大事等，刻石置于学明伦堂之侧，称为卧碑。清顺治九年，《训士卧碑文》颁布于直省儒学明伦堂，又称《卧碑文》。具体内容为八条，包括“生员之家，父母贤智者，子当受教”“生员立志，当学为忠臣清官”“生员居心忠厚正直，读书方有实用，出仕必作良吏”“生员当爱身忍性，凡有司官衙门不可轻入”“为学当尊敬先生”“生员不许纠党多人”等内容。

《训士卧碑文》作为评定学生优劣的标准，要求他们成为忠臣清官，为政府的统治效劳；对教育的目标、方法、手段以及教师的教学等提出了一些具体要求，在学校人文教化中产生了积极影响。③

五、文体类教材

（一）《钦定四书文》

该书于乾隆元年由内阁学士方苞敕编。全书四十一卷，分为《钦定化治四书文》《钦定正嘉四书文》《钦定隆万四书文》《钦定启祯四书文》《钦定本朝四书文》，每篇有旁批，指明文章的优劣，文后有总评，④ 其中明文四百八十六篇，清文二百九十七篇，是官定清代士子学习八股文的话本，对当时及其以后的文章写作，影响十分深远。现存有乾隆武英殿刻本。

《钦定四书文》梳理了明初至清初三百多年四书文的源流正变，宣扬了“以古文为时文”的创作手法，定为四书文的程式，意在为科举士子提供八股文标准范文，是对科举文体制度改革的举措之一。由于该书卷数庞大，且因禁止坊间私刻，致使大量出现的坊选闱墨因能反映科考变化、易于揣摩，间接取代了其书的推广。

（二）《文章辨体》

《文章辨体》由明代吴讷编写。其书共五十卷，另有外集五卷。《文章辨体》选取明朝

① 白寿彝总主编；陈得芝主编．中国通史 第8卷 中古时代元时期 上 第2版［M］．上海：上海人民出版社，2013.

② 张岩．致治之道千古一鉴——评《历代名臣奏议》［J］．职大学刊，1995（04）：90－93.

③ 孙云龙，张玉阁主编；闫海，宋香谒副主编；王忠伟，赵亮主审．中国教育管理思想史［M］．大连：东北财经大学出版社，2014.

④ 叶德辉等撰，湖南图书馆编．湖湘文库 湖南近现代藏书家题跋选 第1册［M］．长沙：岳麓书社，2011.

以前的文章，分体编录，并加序说，序说中杂以评论，详细列举歌谣、赋、乐府、诗及各种骈散文体五十九类。《文章辨体》最古版本有明嘉靖三十四年刊本、天顺八年刊本[①]、《四库全书存目丛书》本。

《文章辨体》为明代文体论的集大成之作，对于所录的选文内容框定了标准，强调了雅俗之分，展现了古文体类及流变过程。

（三）《唐宋八大家文钞》

《唐宋八大家文钞》由茅坤选编。茅坤是明代“唐宋派”的代表人物之一，他反对“文必秦汉”的主张，提倡学习唐宋古文。该卷首页为“总序”和“论例”，每篇文章前有“小引”和“本传”。[②] 书中选取八大家的散文作品共一百六十四卷，每家写有引言，其中韩愈文十六卷，二百五十二篇；柳宗元文十二卷，一百二十篇；欧阳修文三十二卷，二百八十六篇；王安石文十六卷，二百一十一篇；曾巩文十卷，八十七篇；苏洵文十卷，六十篇；苏轼文二十八卷，二百五十一篇；苏辙文二十卷，一百七十二篇，总计一千四百三十九篇。[③]

《唐宋八大家文钞》是唐宋古文运动的产物，是标志唐宋派理论成就和实践意义的代表性文献。书中以宣扬文章中得“六经”精髓者为目的，且首推韩愈。该书刊行后，风靡翰林。《四库全书总目》称此书“户弦家诵”，自此以后，唐宋古文成为正宗的书面语言，公文、策论和著述都以八大家古文为标准范式，影响很大。该书也曾在朝鲜、日本广为流行，作为写作训练的教材所用。[④]

（四）《古文辞类纂》

《古文辞类纂》由清代桐城派古文家姚鼐编。全书七十五卷，共收录从先秦到清代七百七十四篇文章和辞赋，按文体分为论辩、序跋、奏议、诏令、书说、赠序、杂记、传状、碑志、辞赋、箴铭、颂赞、哀祭等类别。[⑤] 每个类别下，都有文字说明该文体的源流，并且都有点评。

《古文辞类纂》最大特色是其鲜明的倾向性，选文重在体现“桐城义法”，所谓“桐城义法”，是指桐城派古文的宗旨，“义”指为文要言之有物，“法”指言之有序。此书重点选择先秦两汉、唐宋八大家、明朝归有光和清朝桐城派文章，而南宋、元、明前期的文章一概不选。该书不仅对研究桐城派思想有重要价值，而且对后世有深远影响。

（五）《古文关键》

《古文关键》由宋人吕祖谦编。《古文关键》“总论”提及“论作文法”，说明古文有“前后、上下、聚散、离合”等三十余种体式。全书辑录了韩愈、柳宗元、欧阳修、曾巩、苏洵、苏轼、张耒等人的文章六十余篇，其中“论”体文将近五十篇。全书各篇均简单介

---

① 华中师范大学图书馆．华中师范大学图书馆百年珍藏撷荟［M］．广州：世界图书出版广东有限公司，2013.

② 黄毅．茅坤《唐宋八大家文钞》述评［J］．古典文学知识，1997（04）：111－116.

③ 刘洪仁．古代文史名著提要［M］．成都：巴蜀书社，2008.

④ 查屏球，滕汉洋．《八子百选》与《唐宋文醇》隐曲关系考——兼论《唐宋八大家文钞》在东亚书面语共同化进程中的范式意义［J］．中山大学学报（社会科学版），2012（06）：34－42.

⑤ 翟文明．国学知识全知道［M］．北京：中国华侨出版社，2015.

绍了出处，并有旁批和点抹，夹注标明命题用意及文章布局之法。全书共涉及论、策、书、碑、赞、序、传七种文体，有宋刻蔡文子注本《增注东莱吕成公古文关键》版本。①

《古文关键》为科举考试帮助之书，专门为士子指点读书门径，故得此书名，在唐宋八大家的形成以及唐宋古文经典化进程中产生了巨大的影响，被后人评为评点文体形成的标志性著作。②

（六）《古文释义》

《古文释义》由清代余诚选编，成书于1743年，是一部通代古文评点选本。全书共八卷。③ 前有凡例三十条，共一百四十七篇。所选的文章都为经典篇，如《曹刿论战》《爱莲说》《读孟尝君传》，其文字精美，篇幅适中。每篇都有评点注释，分总评、旁批、眉批、音义和序解五个部分。今有武汉古籍书店一九八六年影印本。④

《古文释义》是清中叶以后学塾中最主要的古文选本教材。该书总结并提炼前贤的语文教学论述，汲取历代评点式文选的长处，认为“课幼之书贵详尽不贵简略”，既可作为教学参考，也可用于学生自学。

六、军事类教材

（一）“武经七书”

“武经七书”共二十五卷，是七本古代兵书的汇编本，分别为《孙子兵法》《司马法》《吴子兵法》《李卫公问对》《太公六韬》《黄石公三略》《尉缭子》。成书于北宋年间，是北宋朝廷作为官书颁行的兵法丛书，从当时流行的三百四十多部古代兵书中挑选而成，是中国古代第一部军事教材。明代传入欧洲各国有多种文字译本，在世界军事理论上享有较高的声誉。“武经七书”颁行后，备受世人关注，因此注家峰起，先后出现了几十种注释本。“武经七书”七部兵书的排列次序在历史上出现过不同的版本，但《孙子兵法》与《吴子兵法》一直在首位。

明代对“武经七书”注释版本有黄献臣作的《武经开宗》，李清作的《武经七书集注》，陈元素作的《武经七书评注》；清代有朱墉作的《武经七书汇解》。自宋代施子美的《武经七书讲义》之后，明代刘寅所作的《武经七书直解》通俗易懂，言简意赅，字解与意解相结合，间以史实相参证，是所有注解中的佳本，清代注解“武经七书”蔚然成风，但其皆在刘寅以下，少有创见。⑤ 下面对七书分别予以介绍。

---

① 张秋娥. 南宋吕祖谦《古文关键》的阅读理论及其意义［J］. 南京师范大学文学院学报，2013（04）：158－161.

② 吴承学. 现存评点第一书——论《古文关键》的编选、评点及其影响［J］. 文学遗产，2003（04）：72－84＋143.

③ 李健海，李荣英.《古文释义》优秀语言教育传统撷英［J］. 语文建设，2017（13）：57－60＋76.

④ 顾明远. 教育大辞典 增订合编本［M］. 上海：上海教育出版社，1998.

⑤ （春秋）孙武著；《图解经典》编辑部编. 图解孙子兵法 影响世界的中国谋略经典［M］. 北京：北京联合出版公司，2015.

《孙子兵法》，又称《孙子》，春秋末期孙武撰。《孙子兵法》为现存最早的兵书，全书共十三篇，分别论证了"计""作战""谋攻""军形"等问题，共6000字左右。这些篇章与问题环环相扣，互为联系，形成了一套完整的军事理论体系。《孙子兵法》在中国和世界军事史上都占有重要地位，被誉为"兵学圣典"，孙武因此被称为"兵圣"。

《吴子兵法》与《孙子兵法》齐名，共两卷。据传在汉初时尚有四十八篇，今仅存六篇十八条，计3000余字，六篇分别为图国、料敌、治兵、论将、应变、励士。该兵书以"内修文德，外治武备"为核心而自成军事理论体系，主要思想有严明治军、料敌用兵和因敌而战，具有鲜明的时代特色。

《司马兵法》共计五篇5000余字，侧重于讲军事理论，以追述古代军礼或军法、爵赏诛罚的各种规定为主，以"仁、交、礼、让"为本，是我国古代战争实践经验的理论概括，它不仅为兵学家所重视，而且被许多研究古代礼制的史学家认为有开发价值。①

《李卫公问对》，全书分为上、中、下三卷，共1万余字。上卷十七节，主要阐述了兵法中"奇正"关系理论、阵法的起源和发展、兵法的源流和派别、选将与练兵等方面的问题。中卷十七节，从奇正虚实谈"治力"、军队编制、指挥与训练等。下卷十四节，主要阐述了指挥作战的重要原则，如分合、攻守、治气、诡道、慎战等，另外论述了选将用人之道以及学习兵法的思想。

《黄石公三略》，简称《三略》，相传为秦汉时期隐士黄石公所著。该兵书兼采众家之长而又自成理论体系，是一部论述治军策略和军事战略关系的军事理论著作。全书分三略。上略主要论述君主必须礼贤下士，赏有功，辨别奸佞，任贤选能；中略主要论述了如何区别德行、洞悉权变、御将统众以及全功保身等；下略主要论述国家盛衰的根源、国家的纲纪，强调了人重贤能、政重礼乐。

《尉缭子》，战国尉缭撰，共计五卷二十四篇，4400余字，前十二篇为政治观、战争观，后十二篇则论述军令和军制。

《太公六韬》为杂家作品，② 共计六卷六十篇2万余字，内容涉及先秦军队的编制、管理、训练、行军、布阵、攻守、战具、兵器及其军事理论等，全书以太公答周文王、周武王之问的形式写成，并有夹注，语言浅显易懂，是一部普遍性的古军事专著。其中：卷一为《文韬》，是《六韬》之精华，所论均为为政之道；卷二以战争准备和军事战略为主题；卷三以军事组织，包括人事、情报为主；卷四探讨不同天时地形战术；卷五是特殊战术；卷六为指挥与训练。《六韬》是作为考试武臣和钻研军事的必读课本。

（二）《武备志》

《武备志》由茅元仪编纂。茅元仪为明代军事家和兵书著述家，其父亲为茅坤，是明代著名文学家和藏书家。该书在明朝天启元年刻印发行。《武备志》在总结历代兵学成就

① （春秋）孙武著；《图解经典》编辑部编. 图解孙子兵法 影响世界的中国谋略经典［M］. 北京：北京联合出版公司，2015.

② 张烈.《六韬》的成书及其内容［J］. 历史研究，1981（03）：122－126.

的基础上，针对当时军事斗争的需要编撰而成。全书共二百四十卷，200余万字，配有图片738幅。全书由“兵诀评”“战略考”“阵练制”“军资乘”“占度载”五部分组成，其中“兵诀评”十八卷还收录了“武经七书”，并选录《太白阴经》《虎钤经》的部分内容，加以评点。①

《武备志》材料丰富且取舍精当，编排合理，有一定的逻辑秩序，且图文并茂，辑录了“郑和航海图”“过洋牵星图”以及各种兵器、战车、战船、筑城图等珍贵的资料，是中国古代兵学宝库中规模最大、篇幅最多、内容最全面的兵学巨著。

七、科技类教材

（一）《九章算术》

《九章算术》又名《九章算经》，是《算经十书》中最重要的一种，是我国最早的传世数学专著，大约成书于东汉初年。《九章算术》中共收入了二百四十六个数学问题，采用问答的形式来阐述数学问题，并将这些问题分为九个部分，因此称为“九章”。

《九章算术》系统总结了先秦至东汉初期的数学成就，九个部分内容为方田、粟米、衰分、少广、商功、均输、方程、盈不足、勾股。②《九章算术》中所记的很多数学上的计算方法，在当时世界具有绝对领先地位，真实地反映了我国数学领域的发展水平。《九章算术》对中国及世界数学的发展有着极其重要的影响，它的出现标志着中国古代数学体系的形成。③

（二）《数理精蕴》

《数理精蕴》由清代梅瑴成主编。《数理精蕴》是《律历渊源》的第三部分，是为了对明末以来传入的数学知识进行整理、改进历法算法而编，于雍正元年刻成，全书一百卷。该书系统地总结了明末清初输入中国的数学内容，也包括了一些中国数学家的研究成果。上编五卷，下编四十卷，数表八卷。上编主要有数理本原、周髀算经、几何原本等，下编主要为算术、代数、几何和数学器具，该书与之前以《九章算术》为代表的数学专著所采用的归纳体系不同，采用了演绎体系，兼收中西，注重实测与验证，是一部初等数学百科全书。《数理精蕴》出版后得到广泛的流传，版本达十七种，在清代后期产生重大影响。④

① 李会影编著. 中国古代科技发明创造大全［M］. 北京：北京工业大学出版社，2015.

② 本书编写组编. 历史知识手册［M］. 上海：上海大学出版社，2015.

③ 梦华主编. 图解国学知识 全新图解版［M］. 北京：中国华侨出版社，2016.

④ 李兆华. 关于《数理精蕴》的若干问题［J］. 内蒙古师大学报（自然科学版），1983（02）：66—81.

第二节 明清时期的书院教材

书院经过唐的创制、宋的完善、元的推广，至明清时期，渐渐进入繁荣与普及的发展阶段。讲会制的兴起使书院再度获得新生，并逐渐播散至全国各地，呈现出前所未有的盛景。进入清代，官、民携手兴办书院，书院呈现新的发展趋势，如省会书院、民间各式乡村书院、家族书院等的兴起，这些兴起的书院很大一部分承担着普及文化知识的作用，且分布广泛，由此书院进入普及化的发展阶段。明清时期的书院数量以千计，虽未正式列入官学体系中，但也逐步形成了一个完整的书院教育系统，所使用的教材也各具特色，在此对主要书院所使用的特色教材进行整理。

一、以讲求理学为主的书院特色教材

由于官方推崇，程朱理学成为很多书院教学的主要内容，如顾宪成、高攀龙等人创办的东林书院，李颙主讲的关中书院，孙奇逢主讲的百泉书院，还有鳌峰书院、姚江书院、紫阳书院、还古书院等都属于讲求理学的书院。这些书院的主讲者大多形成了关于理学的独特见解，有的被后人编撰成书院教材流传甚广。

（一）《小心斋札记》

《小心斋札记》由明代顾宪成著。顾宪成是明代思想家，东林党领袖，1604 年顾宪成重建东林学院。

《小心斋札记》共十八卷，按年代编次，讲述的是读书要领及答门人问的笔记。该书表彰程朱，不满王守仁及佛学，特别是禅宗，主张“语本体，只是性善二字，语功夫，只是小心二字”（卷十八）。顾宪成的“小心”功夫是东林学派重道德修养、重视工夫实践的典型代表，“修”就是工夫实践，是实现“悟”的必要条件。① 该书主要版本有明万历三十六年（1608 年），蔡献臣始为刻版，止十二卷。清康熙年间，其曾孙顾贞观刻《顾端文公遗书》三十七卷，内收《小心斋札记》，为十八卷。②

（二）《东林论学语》

《东林论学语》载于《东林书院志》，该书对顾宪成和高攀龙讲课的讲义有很详细的摘要，因此也列为教材。其中顾宪成的讲义被称为“东林商语”，而高攀龙的讲义则被称为“东林论学语”。《东林论学语》的主要内容是谈论学习《论语》《孟子》等经典的心得。

---

① 刘军. 顾宪成与晚明东林运动——传统士大夫政治研究 [D]. 南开大学，2010.

② 张岱年. 中国哲学大辞典 [M]. 上海：上海辞书出版社，2014.

（三）《高子遗书》

《高子遗书》是高攀龙门人陈龙依据高攀龙的《就正录》汇编而成。高攀龙是明代思想家，为重建东林书院人之一，曾在东林书院著书立说，讲学其中。

《高子遗书》共分为十二卷，每卷一类，第一卷语，第二卷札记，第三卷经解、说、辨、赞，第四卷讲义，第五卷会语，第六卷诗，第七卷疏，第八卷书，第九卷序，第十卷碑、传、记、谱、训，第十一卷志、表、状、祭文，第十二卷为题跋杂书。书后有附录，包括赞跋、墓志铭、道碑、祭文。其中第一卷至第五卷，以及第八卷、第九卷大都侧重义理的阐发。高攀龙的学术思想是“笃躬行而重践履”，力倡“复性”论，并以此为基础，阐发了其“格物论”和“道德观”。①

（四）《关学编》

《关学编》由明代冯从吾撰。冯从吾是关学大儒、著名理学家。冯从吾在关中书院的讲学，将明代关学推向第二个发展高峰，使关学完成了心性化的转向。②

《关学编》是冯从吾为宋金元明时期陕西关中理学而撰，共四卷。卷首为秦孔门四子，卷一列宋张载等 9 人，卷二列金杨天德 1 人、元杨奂等 8 人，卷三、卷四列明段里坚等 15 人。从卷一到卷四，宋金元明共列 33 人。另有 11 人各为小传分附于相关史传。每传内编次，大体先钩稽其理学事略，再简述其思想要旨，后记其理学著作。依据历史顺序，探索关学的源流，总结关学历史的发展。故此书为研究宋明理学，特别是其在关中地区发展的重要参考书。③ 其后，王心敬、李元春、贺瑞麟连连续补，增订刊刻，因此《关学编》广为流传。主要版本有：明万历四十一年（1613 年）《冯少墟集》本；清康熙十二年（1673 年）重刻本；光绪十七年（1891 年）沣西革堂本等。

（五）《理学宗传》

《理学宗传》由孙奇逢所撰。孙奇逢是明末清初理学大家，世称夏峰先生，一生著书讲学，曾在百泉书院主讲“夏峰之学”，使百泉书院驰名中州，孙奇逢跨时三十年方成《理学宗传》，其编撰的《中州人物考》（《中州人物考》收录明代河南人物二百余人）也成为书院的重要教材。

《理学宗传》共二十六卷，成书于 1666 年，是一部记述宋明理学道统传承谱系之书，内传以 11 人为主，外传 155 人为辅，编纂体例每传先记行状，次载言行著述，末附总评。④ 由于孙奇逢一生受到程朱理学和陆王心学的影响，《理学宗传》正是其学术思想的代表作，充分体现出孙奇逢程朱、陆王兼采的学术思想倾向，对他的弟子门人影响较大。该书的主要版本包括《夏峰先生集》第十六卷；《孙夏峰全集》九十六卷，有清刻本。

---

① 姜国柱．高攀龙的复性论［J］．孔子研究，1996（02）：65－71．

② 刘学智，米文科．关学大儒冯从吾哲学思想述论［J］．地方文化研究，2013（06）：33－43．

③ 西安市地方志编纂委员会编．西安市志（第七卷）社会 人物［M］．西安：西安出版社，2006．

④ 赵文会．《明儒学案》研究［M］．哈尔滨：黑龙江人民出版社，2018．

二、以讲求心学为主的书院特色教材

在王守仁、湛若水两人的倡导下，明代讲学之风骤起，书院也呈现出再度兴盛的态势。基本讲学宗旨就是“宗”陆王，“扬”心学。由于王守仁、湛若水及其门人弟子的锐意创新、不断进取，又传承了宋代书院自由讲学之传统，遂形成了当时书院讲学的门派，在明代影响甚大。讲求心学为主的书院特色教材主要如下。

（一）《传习录》

《传习录》主要记载了王守仁的一些语录和书信。王守仁又称阳明先生，是明代著名的思想家、军事家，心学集大成者，明代中叶儒家思想的代表人物。《传习录》比较完整的收录了王守仁成熟时期的思想论述，是其学生和后人研习其思想的重要材料。

《传习录》包括著名的《答顾东桥书》《答陆原静书》《答欧阳崇一》《答罗整庵少宰书》《教约》等。《传习录》全书共分上、中、下三卷，其中：上卷经王守仁审阅，主要是阐述他对“格物致知”的解释以及“心即理”的新思想；中卷是王守仁的亲笔，是他晚年的成熟之作，系统阐述了他的致良知、知行合一、心物合一等思想；下卷未经王守仁本人审阅，但是比较具体地解释了有关王守仁晚年的各种思想。[①]

（二）《〈大学〉问》

王阳明同朱熹一样重视《大学》，在各地讲学的时候都将《大学》的学习置于重要地位。《〈大学〉问》代表的是王阳明晚期的主要思想，该书从成文到刊刻的过程尚无详细记录可考，只能从其弟子的一些语录、按语中窥见。他的弟子钱德洪曾说：“《〈大学〉问》者，师门之教典也。学者初及门，必先以此意授。”其他的弟子如孙应奎也曾回忆王阳明对其口授《大学》：“应奎不敏，弱冠始知有所谓圣贤之学，时先生倡道东南，因获师事焉。忆是时先生独引之天泉楼，口授《大学》首章。”之后有多个门人弟子提出要把它笔录成书，但是王阳明没有同意，直到嘉靖六年（1527 年），王阳明才欣然同意：“嘉靖丁亥八月，师起征思、田，将发，门人复请。师许之。”所以《〈大学〉问》的成书过程大致是：王阳明口述，钱德洪笔录成文，邹守益将其附刻于《大学》古本，钱德洪把它收入《文录》续编卷首。该书是王守仁的纲领性哲学著作，被其弟子们视为儒家圣人之学的入门教科书。

（三）《心性图说》

《心性图说》由湛若水著，该书不分卷。湛若水是明代理学家、教育家，《心性图说》也是湛若水重要的施教教材，他曾说：“可以与吾心性之图者，其知心学乎。”可见其对《心性图说》的极大自信。湛若水同王守仁一样，也是心学的集大成者。他一生讲学书院之多、分布范围之广，教育史上罕见，也因此留下了很多用于书院教学的著述、讲稿、教

---

① 梦华主编. 图解国学知识 全新图解版［M］. 北京：中国华侨出版社，2016.

材、讲义等。

湛若水著有《二礼经传测》，该书首列《心性图》，其后有《说》，又集《心性通》三十五章，附其门人黄民准、钟景星、周学心、袁邮、郭肇乾、谢锡命、湛无润所作注和赞，霍任又著《或问》数十条以发明之。[①]

三、以实学为主的书院特色教材

明清之际，在批判宋明理学中产生了实学思潮，以颜元、李塨、王夫之、黄宗羲、顾炎武和后来的戴震等一批进步思想家为代表。实学主张弘扬个性和解放生产力，提倡面向现实和经世致用，注重科学和“务实”学风，产生了以漳南书院为代表的以实学为主的书院。以实学为主的书院重视实事实物，提倡真学实学，提出要学习尧、舜、周、孔时代的“六府”“三物”“三事”“四教”之学，反对唐、宋以来学校专注文字、空谈性理的学习。除开通用教材，其主要特色教材有以下几种。

（一）《农政要务》

颜元非常重视农业知识的传授，在“习斋教条”中就要求学生必须学习农学、谷粮、水利等知识。据《颜习斋先生年谱》记载，《农政要务》是颜元为其挚友王法乾所著之书，《颜习斋先生年谱》载：“八月，为王法乾书《农政要务》：耕耘、收获、辨土、酿粪以及区田、水利，皆有谟画。”此书应为颜元向其学生传授农业知识的教科书，但由于古代自然科学类图书向来不被推崇，此书已遗失。

（二）《明儒学案》

《明儒学案》由黄宗羲著。黄宗羲是启蒙思想家、史学家，为清代浙东史学的开山之祖，与顾炎武、王夫之齐名。曾在绍兴证人书院、余姚姚江书院等讲学。[②]

《明儒学案》共六十二卷。成书于清康熙十五年（1676 年）之后。全书根据明代学者的文集、著作和语录，分列宗派，立学案十九。初期以吴与弼、薛碹、陈献章为主；中期以王守仁为主；末期以顾宪成、刘宗周为主，述评学者共计二百零二人。每个学者先列小序，简述源流与宗旨，然后是小传，对个人经历、著作、学术思想与传授简要评述，最后载有语录，有本人著作节录或语录。《明儒学案》是中国最早的、系统性的学术史专著，也是研究黄宗羲本人哲学思想的主要材料。

（三）《宋元学案》

《宋元学案》由黄宗羲、黄百家、全祖望著，全书共一百卷。黄宗羲完成十七卷后，由其子黄百家续修，全祖望又以十年之力增补。后经宗羲玄孙黄璋及其子黄征乂与王梓材先后校订方成。全祖望，号谢山，经史学家、书院教育家，曾主讲肇庆端溪等书院，创办

① 中外名人研究中心，中国文化资源开发中心编. 中国名著大辞典［M］. 合肥：黄山书社，2010.

② 仓修良. 黄宗羲和《明儒学案》［J］. 杭州大学学报（哲学社会科学版），1983（04）：94—109.

和恢复部分地方书院达二十多所。[①]

全书将宋元两代学术思想，按不同派别加以系统总结，提供了思想史中师承、派别及评价等基本资料和评价标准。共列有九十一个学案，三个学略。每个学案先列一表，列举师友弟子，以明学术渊源；其次叙述生平、著作、思想，采录文集粹语，末附逸事及后人评论，是研究宋元学术思想的重要资料。[②] 该书的主要版本有：月船卢氏所藏底稿抄本；二老阁郑氏刊本；清道光十八年（1838 年）何凌汉、冯五桥刻本；道光二十六年何绍基刻本。

四、考据学派书院的特色教材

清代初期，学术思想、学术风气由明返宋，这股潮流进一步发展，一改书院七百余年间讲求性理的传统，而变为专门注重经史训诂，如苏州紫阳书院在雍正三年（1725 年）重修后，即由讲求心性之学转为稽古考文；杨绳武、卢文弨、姚鼐等人主讲钟山书院后，书院也以经学训诂为主，尤其是在阮元在杭州创办诂经精舍和在广州创办学海堂后，博习经史辞章成为书院的一种新的学风，使一些诗词文体类书籍如《文选》《杜诗》等也成为考据学派书院的特色教材。

（一）《皇清经解》

《皇清经解》由阮元主编。阮元世称文达先生或文达公，是清代扬州学派的中坚人物。《皇清经解》又名《学海堂经解》，是清代训释儒家经籍之书的汇刻。道光初年，时任两广总督的阮元主办学海堂时汇编此书，为当时治经者苦于不能备观各书之故而编。该书体例大体依作者先后为序，共三百六十册，一千四百一十二卷，搜集了清初至乾隆、嘉庆年间的经学著作七十四家，共一百八十余种。

《皇清经解》集清代经学研究之大成，是对乾嘉之学的一次全面总结。后来，著名学者王先谦沿用原书依例，增补嘉庆以后学者 111 人，209 部著作，刻成《续皇清经解》，又称《皇清经解续编》。

（二）《经籍纂诂》

《经籍纂诂》由阮元主编，属中国训诂学的书籍。书成于嘉庆三年（1798 年）。时值阮元任浙江学台，在杭州建诂经精舍，讲学其中，聘请臧镛堂等四十五位知名学者，收集先秦至唐的经史、诸子、楚辞、文选以及字书、韵书中的传注训解，分籍撰集，历二年而成。全书收单字一万三千个，按一百零六韵编排，每韵一卷。单字不注音，不讲字形，专训字义，大致以本义、引申义、假借义为序。释义中兼对复词加以解释。

《经籍纂诂》纂集汇总唐以前训诂资料而成，故名《经籍纂诂》。此书对读者而言极为便利，诚如钱大昕《序》云：“展一韵而众字毕备，检一字而诸训皆存，寻一训而原书可

① 杨布生. 全祖望教育活动评述［J］. 宁波师院学报（社会科学版），1991（01）：52－56.

② 张岱年. 中国哲学大辞典［M］. 上海：上海辞书出版社，2010.

识。”《经籍纂诂》是阅读古籍，研究古汉语、训诂学的必备工具书。因此，在以训诂为宗旨的学海堂中，《经籍纂诂》成为众多学子案前的必备之书。

（三）《畴人传》

《畴人传》由阮元及当时天文、数学领域学者编定，后由钱大昕协助订正。“畴人”指具有数学、天文、历法等方面专业知识的学者。《畴人传》共四十六卷，共三十三万字，从乾隆六十年（1795年）开始编写，至嘉庆四年（1799年）完成，其规模浩繁，内容翔实，记述了中国历代天算家的学术活动，记载了上古时期至清代乾隆年间天文、历法、算学等领域的280名学者（其中包括37名外国人）的事迹和贡献。

《畴人传》内容丰富，涉及历代天文历法推算资料、论天学说、仪器制度以及算学等许多方面，是我国一部比较纯粹的古代科学史专著。全书取材标准严格，著作态度严肃，书中大胆地剔除了许多虚妄迷信之说，发挥了实事求是的科学精神，为我国科学史的研究提供了系统的线索，在我国古代科学史料中占有极其重要的地位。即使是在科学发展迅速的今天，也仍有很高的研究价值。

（四）《文选》

《文选》由南朝梁武帝的长子萧统组织文人共同编选，又称《昭明文选》，为现存最早的汉族诗文总集，通行本分为六十卷，分为赋、诗、骚等三十八类。《文选》是作家文学之大成，所选多是大家的成熟之作，选文的标准为“事出于沉思，义归乎翰藻”，所以六经、诸子、国策、史传不在选录之内。① 其中的楚辞、汉赋和六朝骈文占有相当比重，需借重于注释。②

（五）《杜诗》

《杜诗》即杜甫律诗，称《杜工部集》，又名《杜少陵集》，是我国古代最伟大的现实主义诗人杜甫的诗文集，宋王洙编。全书二十卷，补遗一卷，原集六十卷，已遗失，此为杜诗定本。历代注本很多，现存宋人《分门集注杜工部诗》，郭知达编《九家集注杜诗》，元代高楚芳《集千家注杜工部诗集》等，卷数不一。通行本为清仇兆鳌《杜诗详注》，有诗二十三卷，赋、表等杂著两卷，并附年谱、序文、题咏等资料。另有清代钱谦益编《杜工部集笺注》、杨伦编《杜诗镜检》较为简要。③

（六）《昌黎先生集》

诗文集《昌黎先生集》，为“唐宋八大家”之首韩愈所作，门人李汉编。四十卷，文三十卷、诗赋十卷，又《外集》十卷，为宋人所辑。其中重要的哲学论文有《原道》《原人》《原性》，散文代表作最具知名度的有《马说》和《师说》等。

---

① 魏子云主编；台湾十八院校百位教授合著．中国文学讲话 第5册 魏晋南北朝文学［M］．贵州教育出版社，2014.

② 梦远编．国学知识全知道 超值典藏白金版［M］．北京：中国华侨出版社，2013.

③ 卢德平．中华文明大辞典［M］．北京：海洋出版社，1992.

第三节　明清时期的蒙学教材

宋代重视蒙学教材的编写工作，这与理学兴起，重视教育的作用不无关系。宋代期间，蒙学教材的内容逐渐多样化，编写形式不断丰富，基本上形成了一套以识字为主的蒙学体系，一批由学者名人编写的儿童教材流传较广，影响较大，并成为此后蒙学教材的基础。明清时期的蒙学教材，就是在宋元蒙学教材的基础上改编或扩充版本而成，仅就“三、百、千”最流行的教材而言，就不断出现模仿与赓续之作。明清时期的学者也新编一批蒙学教材，从儿童的认知规律、爱朗读、爱听故事的兴趣爱好和汉语音节特点出发，采用浅显的文字、对偶押韵的句式、简单而有趣的故事等各种形式来进行编写。总的来说，明清期间蒙学教材丰富，按其内容属性予以整理。

一、基础识字类教材

（一）《三字经》

《三字经》相传为南宋王应麟编撰。通行的《三字经》版本一卷，共一千二百四十八字，分五部分，分别为“教学之要”“幼学之序”“读书次第”“勤学典范”“为学效果”。《三字经》在明清时期有很多新的版本，流传甚广，特别是清代，对其增补、注意、绘图、翻刻以及译成少数民族文字和外文的版本较多。[①]

《三字经》用较大的篇幅教授儿童百科知识，涉及基本的天文、地理、历史、生物、社会、美术、音乐、数学等知识。在后部分，还列举了历史上奋发勤学的人物故事，多有启发和鼓励的价值。全书用通用的字，三字一句，简短易读，隔句有韵，适宜儿童诵读与记忆。[②] 无论是从内容上还是语言上来讲，《三字经》作为封建社会的一本启蒙教材，除开传播封建思想意识的不足，其编写方法、具体素材有可借鉴和使用之处。

（二）《百家姓》

《百家姓》为姓氏之书，作者失传。《百家姓》一卷，通行本四百七十二字，搜罗姓氏，共收四百三十八个姓。全书以姓氏堆砌成句，没有文理，仅供儿童识字之用。由于封建社会注重族姓，且为四字韵文，便于诵读，使《百家姓》在民间流传极广，与《三字经》《千字文》并列为最著名的蒙学读本。

《百家姓》的编本甚多，主要有明代吴沉的《皇明千家姓》、明末黄周星的《百家姓新

---

① 熊承涤. 中国古代学校教材研究［M］. 北京：人民教育出版社，1996.

② 张志公. 传统语文教育教材论——暨蒙学书目和书影［M］. 北京：中华书局，2013.

笺》、清康熙的《御制百家姓》等。改编版本虽然稍加文理，但均不能取旧本以代之。①

（三）《千字文》

《千字文》由周兴嗣原编，一卷。用一千字讲上古到宋的历史，四字一句，二句一韵。全文二百五十句，大致通顺可读。《千字文》广为流传，有其独特的优势：一是只用一千字，基本上保持不重复。二是组成通顺且表达意义的句子，并形成连贯有条理的文章。三是通顺可读，押韵自然，便于朗读背诵。

明清期间《千字文》的改编本较多，如清代何桂珍编的《训蒙千字文》、明代李登编的《正字千文》、周履靖编的《广易千字文》，《千字文》还有满汉对照本和蒙汉对照本、日本刻本等。另还有类似的《叙古千文》，宋代胡寅编。②

（四）《对相四言杂字》

“对相”是指图文对照的识字课本。《对相四言杂字》内的文字四字一句，每字或词配图，图文对照因此称为对相。张志公于1965年得石印复制本。该版本收单字二百二十四个，每格一字，双字八十二个，每格二字，共三百八十八字，三百零六幅图。大体上四字为句，部分押韵，但不成文理。无撰者姓名、序、跋、出版年份，疑似明刻或元刻版本。③

另外，金陵王氏勤有堂于洪武四年（1371年）刊出的《魁本对相四言杂字》，共收名物三百零八件，有图三百零六幅，文字四字一句，每字或每词出一相（即图画），图文对照（因此称为对相），体例多样，对字性予以分类、释义，教育内容包括生活、商业、技艺等知识，语言通俗浅显，思想积极向上，重视道德教育。此书颇为盛行，明代刻书家陈伯寿后来还在日本刊出。正统时，又刊出《新编对相四言杂字》，收三百八十六字，三百零六幅图。这种看图识字读本的风行，也是识字教育普及的一个有利条件。④

（五）《六言杂字》

《六言杂字》作者不详，蒙学课本，有清仿刻本。全文约两千七百二十四字，以韵语编成，读起来上口，听起来悦耳，便于记诵。涉及的大多是日常生活的常用字，如器皿家什、生产工具、衣食住行、工商手艺的用字，因为其实用价值高，在民间流行甚广。从其内容可看出，学习对象主要是中下层子弟。

明清时期作为识字教育的杂字教材较为繁多，有综合类的《鳌头杂字》《新锲便蒙群珠杂字》《吴川楼先生才子杂字》《日用俗字》《幼学杂字》《杂字便用》《备用杂字》，还有专门类的《日用时行杂字》《妇女杂字》《捷径杂字》《绘图庄农杂字》以及其他各类地方性杂字教材，具有类似的杂字教材特点与内容，不再一一列举。⑤

---

① 张志公. 传统语文教育教材论——暨蒙学书目和书影 [M]. 北京：中华书局，2013.
② 张志公. 传统语文教育教材论——暨蒙学书目和书影 [M]. 北京：中华书局，2013.
③ 张志公. 传统语文教育教材论——暨蒙学书目和书影 [M]. 北京：中华书局，2013.
④ 李伯重. 八股之外：明清江南的教育及其对经济的影响 [J]. 清史研究，2004 (01)：1—14.
⑤ 顾月琴. 日常生活变迁中的教育：明清时期杂字研究 [D]. 华东师范大学，2009.

二、伦理规范类教材

（一）《孝经》

《孝经》的作者与成书年代没有定论，推测认为是经过几代儒家的增删、润色和整理而成。《孝经》共十八章，一千九百零三个字，语言直白，内容短浅，适宜普及，全文主要阐述了孝的宗旨与根本，天人、诸侯、卿大夫、士子、庶人的孝行标准，列举孝与不孝，孝作为“要道”和“至德”的内涵，孝与“扬名”的关系，孝与谏诤的关系，孝与天地的互动感应，事群原则，父母身后之孝等内容。

作为蒙学教材，《孝经》全篇以孔子答曾子问的方式呈现，是先秦儒家孝道思想的概括和总结，是在熟悉了《小学》诸类书籍的基础上教会儿童为人处世的道德与方法。《孝经》开创了中国伦理发展史的新纪元，当属先秦儒家寻求解决社会问题的思想结晶。①《孝经》因独特的政治功能受到统治者的重视，也作为“十三经”之一，被纳入官学教材。

（二）《弟子规》

《弟子规》由李毓秀著。李毓秀是清初著名学者、教育家，精研《大学》与《中庸》，曾创办敦复斋讲学。“弟子”指要学习圣贤经典，“规”是指大丈夫的见识。此书是启蒙养正，教育子弟远邪小、走正道，养成忠厚家风的必备读物②，是清代中叶后流行最广、影响最大的一本蒙学读本，流传的版本较多。

全书依据孔子教诲编成，分为“总叙”“入则孝，出则悌”“谨而信”“泛爱众，而亲仁”“行有余力，则以学文”五个部分，主要讲述学童生活规范，为三字韵语，核心思想是儒家的孝悌仁爱，至今仍有重要的文化价值和教育价值。

（三）《太公家教》

《太公家教》作者不详。全书共一卷。因书中有“太公未遇，钓鱼渭水”句，后人以此取为书名。唐至明广为流行，传入中国北部及东北部的少数民族地区，有元女真本、清满文本。敦煌石室发现此卷，收入《鸣沙石室佚书初编》。在编纂方式上，除少数例外，多采用四言韵语。③

类似的还有朱柏庐编的《朱子治家格言》，是清代以来作为家族教育的教材，其文字质朴无华，产生了很大的影响，但未列入学校教材之列。④

（四）《二十四孝图说》

《二十四孝图说》是最著名的故事和图画类蒙学读物，始成于元。此书汇辑二十四个孝行故事，仅千字左右。所选孝子具有广泛的代表性，包括了从虞、周到唐宋各朝代的孝

① 刘静.《孝经》：先秦儒家的智慧结晶［J］. 求索，2004（08）：153—155.

② 梦华主编. 图解国学知识 全新图解版［M］. 北京：中国华侨出版社，2016.

③ 王忠民主编；《幼儿教育辞典》编委主编. 幼儿教育辞典［M］. 北京：中国大百科全书出版社，2004.

④ 熊承涤. 清代前期的蒙学教材［J］. 课程·教材·教法，1992（03）：12—15.

子，上自帝王，下至公卿大夫、读书士子、平民百姓，为各式各样的人物树立了孝行榜样。所选孝行，事迹典型突出，故事情节生动感人，能产生强烈的教育效果。但它所颂扬的孝子是被统治阶级扭曲了的形象，所提倡的孝道孝行也是典型的愚孝。[①] 有清慎独山房刊本。

（五）《小儿语》《续小儿语》

《小儿语》为明代吕得胜所撰写的一本童谣体裁的蒙学读物。吕得胜，字近溪，河南宁陵人，提倡对儿童进行正确的引导和教育[②]，著有《社学要略》。此书语言浅近，用四言、六言、杂言（字数不相等）的语言形式，讲述做人道理，既有良好品德，也有消极的成分，流行于民间，影响很大。

明代著名学者吕坤是吕得胜之子，他秉承父志，在《小儿语》的基础之上又增补了许多内容，写成《续小儿语》。父子均注重儿童教材编写的学理，并强调学以致用，强调“使童子乐闻而易晓”，《小儿语》与《续小儿语》所选择的内容都属于易诵读和记忆的词句。

（六）《小学古训》

《小学古训》由明代岭南士人黄佐编撰，正德六年（1511 年）完成。《小学古训》是在朱熹《小学》式微的背景下产生的，与《小学》相比，结构有所突破，内容精简扼要，也曾在《泰泉乡礼》中作为社会教育的主要内容。

全书正文有注，分威仪、动作、居处、执事、饮食、衣服、洒扫、应对、进退、明伦、入孝、出弟、谨行、信言、泛爱、亲仁、学文、礼乐、射御、书数二十目，收入《丛书集成新编》。但由于原《小学》受官方推崇，其他趣味性蒙学教材比较多，以及科举所带来的功利学风，该书流传不广。

三、名物典故类教材

（一）《幼学须知》

《幼学须知》由明代程登吉编，又名《故事寻源》《成语考》。到了清代，有邹圣脉注解的《幼学琼林》，该版本广为流传。还有董成注解的《幼学求源》、钱元龙注解的《幼学须知句解》[③]。《幼学须知》广泛吸取多种蒙书素材，综合性强，并灵活运用杂言的形式，[④] 是以成语典故、格言谚语、名言佳句为主要内容的蒙学课本，在明清风靡全国城乡，在社会上有极大的影响，被称为中国古代的百科全书。

全书共分为四卷，分为天文、地理、岁时、朝廷、文臣、武职、兄弟等共 33 类。《幼

① 刘英杰主编. 中国教育大事典 1840 年以前［M］. 杭州：浙江教育出版社，2004.
② 任浩之. 国学知识 你应该了解的国学常识 新世纪普及版［M］. 北京：当代世界出版社，2014.
③ 张志公. 传统语文教育教材论——暨蒙学书目和书影［M］. 北京：中华书局，2013.
④ 徐林祥主编. 百年语文教育经典名著 第 12 卷［M］. 上海：上海教育出版社，2017.

学琼林》是韵语，但并不整齐，它之所以能够长期流传，是以内容丰富取胜，与此同时，其语句简练，每一语句中都有丰富的内容，或描述一个生动的故事，或讲述一个文学掌故，引人入胜，介绍名臣、武将、文化名人，附有阐释的内容也比较多，能引起儿童兴趣。①

（二）《龙文鞭影》

《龙文鞭影》原名《蒙养故事》，明代万历年间萧良有撰。《蒙养故事》后经安徽人杨臣诤加以增订，改名《龙文鞭影》。“龙文”指一种千里马，意蕴扬鞭即奋勇向前。该书主要内容来自二十四史中的人物，同时又从古代神话、小说、笔记如《搜神记》《列仙传》《世说新语》等书中广泛收集故事，辑录了历史上许多著名人物的轶闻趣事。全书共收辑了包括孟母断机、董永卖身、毛遂自荐、鹬蚌相争、荆轲刺秦、红叶题诗等2000多个典故，文字简练扼要，而能阐明故事梗概，可称之为一本典故大全。

《龙文鞭影》分韵部组织结构，又用四言韵语呈现表达，读来不仅顺畅上口，而且包含丰富的历史文化知识，因此是学习语言音韵、掌握知识学问的一种便捷快速的音韵典故词典。尤其是三十个韵部，韵部所含韵字，不仅有利于写作诗词，也有利于赏读诗词。②明清知识分子对此书评价较高，是一本具有代表性的“典故汇编”，该书不仅有利于对儿童进行封建道德教化，而且对儿童的写作训练大有裨益。

（三）《蒙求》

《蒙求》的编者为李瀚，唐朝诗人。《蒙求》取自《易经·蒙卦》“匪我求童蒙，童蒙求我，志应也”之语。与前代儿童启蒙课本相比，《蒙求》是一种新的类型，以介绍历史典故、人物知识为主。有近600个四言句子，每句介绍一个历史人物或典故，使儿童对中国文化宝库有了较全面的认识。

《蒙求》对后代儿童课本的编写影响很大，其流传也相当广泛，元、明、清一直在民间私塾中使用。《蒙求》之后，陆续出现了大批蒙求书，有明朝姚光祚的《广蒙求》，宋代方逢辰编的《名物蒙求》，宋代王令的《十七史蒙求》流行也比较广③。

（四）《书言故事》

《书言故事》由宋代胡继宗编著。童蒙读物，全书共十卷。按天文、时令、地理等分类，有明刊本、清初刊本。④《书言故事》侧重于典故，以实为意，初始编纂目的是历代人学习辞藻典故，以备诗文写作之用。到明代，对此书所做的修订主要是增补内容、注释意义及改进形式。⑤ 每则“故事”，有图相配，且为韵语，增强了故事的感染教化效果，便于幼童学习。

---

① 白金声编．中国语文教育五千年［M］．北京：中国林业出版社，2016.

② 谢保国．中国古代语文教育史稿（上下册）［M］．银川：宁夏人民出版社，2009.

③ 张志公．传统语文教育教材论——暨蒙学书目和书影［M］．北京：中华书局，2013.

④ 赵传仁，鲍延毅，葛增福．中国书名释义大辞典［M］．济南：山东友谊出版社，2007.

⑤ 刘天振．明代通俗类书研究［M］．济南：齐鲁书社，2006.

（五）《日记故事》

《日记故事》共十卷，原名《小学日记切要故事》，元代虞韶根据宋代学者杨亿的主张编成，有近300个故事。有熊大木校注本、郑世豪刊本、清尺木堂本及王相增注本[①]。这些版本都以虞韶原本为基础，但故事数量、编排与内容详略不同。

《日记故事》的内容多为启发儿童智慧的生活故事，如司马光破缸，文字浅显，配有插图，适合儿童欣赏[②]。另有《日记故事续集》，署名为寄云斋学人，以古代封建伦常故事为内容，并配以图画，便于儿童看图学文[③]。

（六）《童蒙观鉴》

《童蒙观鉴》由清代丁有美编著，有乾隆三十六年（1771年）刊本。《童蒙观鉴》分"志学""孝友""高洁""智识""才力""颖敏"六卷，全书共选649个故事[④]，故事来源于史传或小说、文学作品，部分予以改写，字数在百字左右。

《童蒙观鉴》注重育人功能，传递社会规范，且雅俗共赏，易于通晓，讲解透彻，能够启发儿童去效仿。但是，由于内容比较丰富，且有注释，略显庞杂，这是其不足之处[⑤]。

（七）《鉴略妥注》

《鉴略妥注》，原称《五言鉴》，是用五言韵语叙述古今历史的蒙养教材，是一本浓缩了的纪传体初级历史读本，篇幅较大，但语句顺畅。全书分上、中、下三卷。上卷包括三皇纪、五帝纪、陶唐纪、有虞纪、夏后氏纪、商纪、周纪、春秋纪、战国纪、秦纪。中卷包括西汉纪、东汉纪、三国纪、西晋纪、东晋纪、南朝宋纪、南朝齐纪、南朝陈纪、隋纪。下卷包括唐纪、下唐纪、五代纪、梁纪、唐纪、晋纪、汉纪、周纪、宋纪、南宋纪、元纪、明纪。[⑥]

《鉴略妥注》以五言韵语的形式展现了比较清晰的历史发展脉络，内容丰富，组织精巧，其中既有正史，也有轶闻趣事，甚至还包括神话传说，从而使这部蒙学教材比较有特色。有《村学诗》曾描述"《千字文》完翻《鉴略》，《百家姓》毕理《神童》"，该诗将其与《千字文》并论，可见其书影响之大。[⑦] 总体而言，这种历史典故类蒙学教材在普及历史知识、传承与发展传统史学、增强全民族的历史感等方面发挥了重大的作用。

---

① 赵传仁，鲍延毅，葛增福．中国书名释义大辞典［M］．济南：山东友谊出版社，2007．

② 文杰，罗琳主编．寓言鉴赏辞典［M］．北京：中国商业出版社，1991．

③ 顾明远．教育大辞典 增订合编本［M］．上海：上海教育出版社，1998．

④ 顾明远．教育大辞典 增订合编本［M］．上海：上海教育出版社，1998．

⑤ 张志公．传统语文教育教材论——暨蒙学书目和书影［M］．北京：中华书局，2013．

⑥ 张隆华，曾仲珊．中国古代语文教育史 第2版［M］．成都：四川教育出版社，2000．

⑦ 徐梓．历史类传统童蒙读物的体裁和特征［J］．史学史研究，1997（01）：54－61．

四、诗歌作文类教材

（一）《千家诗》

《千家诗》最早为南宋刘克庄编辑。明人对选本进行编订，集成《千家诗》，定为蒙学课本，风行全国。被康熙四十五年（1706 年）刊行的《楝亭十二种》收录，题“后村先生编集”，全书原名《分门纂类唐宋时贤千家诗选》。清人王相在此基础上重新编订，此后通行本为五言、七言合刊《千家诗》，共收录 120 多位作者的诗 226 首，包括两部分：一部分是《增补重订千家诗》，有七绝 94 首、七律 48 首，这部分内容最为普及，影响最大。另一部分是《新镌五言千家诗》，有五绝 39 首、五律 45 首，内容不及七言诗丰富①。

《千家诗》是最具有代表性的中国古代诗教教材，所选诗词通俗易懂，语言流畅，句式整齐，大多数作品都是优美隽永、意境深远的名篇佳作。在选诗和排列上，也有相应的逻辑，如按春夏秋冬的季节顺序编排歌咏风物的诗，涉及新年、清明、七夕、中秋、冬至等重要节日的，也无不有诗。

（二）《唐诗三百首》

《唐诗三百首》由清代孙洙编选。编者意在编写既可用于启蒙，又能传之久远的雅俗共赏之作。作为唐诗精选普及读本，选诗数量精当，收录的诗篇来源广泛，自帝王、贵族及和尚、道士、无名氏必有，初唐、盛唐、中唐、晚唐俱全，体裁五言、七言绝句、律诗齐备，并注重搭配和平衡。《唐诗三百首》因编法务实、篇幅适中、通俗易懂，师塾广泛采用为入门书籍，深受学童和成人的欢迎。

《唐诗三百首》分为八卷，共 310 首，收录了 77 家诗。卷一为五言古诗；卷二、卷三为七言古诗；卷四为七言乐府；卷五为五言律诗；卷六为七言律诗；卷七为五言绝句并附乐府；卷八为七言绝句并附乐府。该书的版本比较多，其中，陈婉俊的补注本流行比较广。② 类似的还有清代王尧衢编的《古唐诗合解》，但不及《唐诗三百首》。

（三）《神童诗》

《神童诗》相传为宋朝汪洙所作，后人编撰成书，但目前对此尚有争议。③ 《神童诗》全部选用五言绝句，格律严谨，对仗工整，琅琅上口，颇有情趣④，在元明清期间流传甚广。

全书按内容分类，首篇《劝学》（一）中“万般皆下品，唯有读书高”比较集中地概括了编造者的指导思想，共有“劝学”诗 14 首，皆劝人勤学与当官。歌颂皇恩帝德，如《状元》《帝都》等；描绘四季景物、抒情言志如《春游》《对菊》等计 20 首；还有卷首诗

---

① 白金声编. 中国语文教育五千年［M］. 北京：中国林业出版社，2016.

② 熊承涤. 清代前期的蒙学教材［J］. 课程・教材・教法，1992（03）：12—14.

③ 汪圣铎. 汪洙及《神童诗》考辨［J］. 中国典籍与文化，2003（02）：85—87.

④ 周发增，陈隆涛，齐吉祥主编. 中国古代政治制度史辞典［M］. 北京：首都师范大学出版社，1998.

28首，多咏叹风花雪月。有研究指出，《神童诗》中过于强调“学而优则仕”的功利观是不可取的。[①]

（四）《声律启蒙》

《声律启蒙》由清康熙年间进士车万育编著。《声律启蒙》以《平水韵》上、下平声三十韵为止，分上、下两卷，每卷十五个韵部，每韵包含三则对文。每则对文各有对句十对，从单字对、双字对、三字对、五字对、七字对到十一字对，由简到繁，组成工稳的对仗，声韵协调，琅琅上口。

行文属对是古代文人的一个标志，且能为科举考试的知识训练打下基础，《声律启蒙》集前人之优长，对句中包含大量典故，典故本身蕴含深厚的文化内容，从而使简单对句能包含深厚的内涵，使学习者在学习属对的同时，也学到了丰富的历史文化知识。《声律启蒙》是声律、音韵和典故的综合体，是一部极好的诗文创作入门教材，也为学生今后参加科举考试进行了基础的培训，因而在启蒙书籍中经久不衰，有较高的地位。

类似的还有清代李渔编写的《笠翁对韵》，与《声律启蒙》的体例大致相同，但对仗水平要低一些。[②]

（五）《小学诗》

《小学诗》作者谢泰阶，清代河南孟津人，他在诵读《小学》时，深有感触，结合自己的理解和教学实践，将《小学》用诗歌的形式重新表达。《小学诗》语言通俗易懂，易读易记，全文三千字左右，五字一句，四句一段，整齐押韵，琅琅上口[③]。按类别可分为立教、明伦、敬身三个部分。立教的内容主要是劝学，明伦是介绍封建社会中的伦理道德观念，敬身是讲修身养性，立德立言，为人处世的道理。

作者还用这本教材教育过自己的学生，社会影响极大，给予了《小学诗》很高的赞评。书中很多伦理方面的内容都是一首诗、两首诗就可讲明，非常有利于儿童的诵读与学习，是对后世影响较大的一部蒙学教材，对传播和普及《小学》也起到了一定的作用。

（六）《训蒙骈句》

《训蒙骈句》由司守谦撰。全书共一卷，五千余字，分三十个韵，把历史事件、人物掌故、写作趣闻写得如同一首长调，读来颇有趣味，如同歌唱。[④] 全书按韵部顺次，由三言、四言、五言、七言、十一言的五对骈句组成一段，每韵三段。[⑤]

《训蒙骈句》对童蒙进行骈句训练，旨在为作文赋诗建立根基，在素材上不看重用典，而注重词采雕饰，风格较为绮靡，富于意味，文本内容包罗天文地理、花鸟虫鱼、人物器物等基本意象和知识，石荣暲跋曰：“词旨俳丽，韵味盎然，以之授蒙童习作韵语对仗，

① 北京师大中文系《神童诗》批注组.《神童诗》批注［J］.北京师大学报（社会科学版），1974（05）：57—69.
② 李鸣，李凤注.笠翁对韵 中华蒙学经典［M］.北京：中华书局，2014.
③ 陈君慧主编.蒙学大全［M］.哈尔滨：北方文艺出版社，2014.
④ 顾明远.教育大辞典 增订合编本［M］.上海：上海教育出版社，1998.
⑤ 谢保国.中国古代语文教育史稿（上下册）［M］.银川：宁夏人民出版社，2009.

诚为善本。”这类诗歌类蒙养教材对提高儿童文学素养，培养审美能力，提升学习兴趣的教育价值值得借鉴。

（七）《古文观止》

《古文观止》是历代散文选集，1694年由清代吴楚材、吴调候编选。“古文观止”意指文集收录的文章代表文言文的最高水平，至此观止。全书共十二卷，所选的古文，以散文为主，兼收韵文、骈文，从东周至明末共选文222篇，且以时代为经、作家为纬，突破了过去文选的格式①。大多数作品都是千古传诵的佳作，体裁风格多样，有论说、诏令、序跋、奏议、骈文、赠序、书、牍、碑志、箴铭、哀祭、颂赞、辞赋等。

《古文观止》的编者古文造诣浓厚，所以选材比较适宜，适宜儿童或少年学习，成为必读的教材。选入的文章也显示出中国古代散文发展的大致脉络，对清末的语文教育有较大影响。

（八）《东莱博议》

《东莱博议》由宋代吕祖谦撰，吕祖谦也称东莱先生。该书成于宋孝宗乾道四年（1168年），其门生张成招作注，全书共二十五卷，以《左传》记载的某些史实为题，始于《郑庄公共叔段》，止于《公孙归父言鲁乐》，共168篇，分篇评议，结构严密，被当时诸生争相传抄。②《四库全书总目》作《评注东莱左氏博议》。

《东莱博议》是理学重要著作之一，也是学塾中广泛流行的教材，至清代，仍为初学作文的课本，历时达800年之久。③ 作为写作教材，该书编写目的不是传经诵道，而是借文以喻法，传立言之法，《东莱博议》的出现，在中国教育史和中国写作教学史上都具有开创性意义。④

五、数理科技类教材

（一）《算学启蒙总括》

《算学启蒙总括》由元代朱世杰编著，成书于1299年。全书有259问，分为20门，主要内容有四则运算、开方、天元术及垛积等数学内容。该教材由浅入深 ，循序渐进，是一部很好的数学启蒙读本。

该教材在明清时期广为流行，还流传到朝鲜、日本，出版过翻刻本和注对本，产生了较大的影响。⑤

（二）《小学稽业》

《小学稽业》由清代李塨撰。李塨是颜元弟子，也是习斋思想的继承者和传播者，且

① 张隆华，曾仲珊. 中国古代语文教育史 第2版［M］. 成都：四川教育出版社，2000.
② 吴士余，刘凌主编. 中国学术名著大词典：古代卷［M］. 北京：汉语大词典出版社，2000.
③ 顾明远. 教育大辞典 增订合编本［M］. 上海：上海教育出版社，1998.
④ 陈守富.《东莱博议》及其评点本［J］. 四川大学学报（哲学社会科学版），1990（04）：53—59.
⑤ 邵庆国主编. 宋代科技成就［M］. 郑州：河南科学技术出版社，2014.

在注重书本知识学习和教育理想的贯彻上有所增益。《小学稽业》共五卷，成于康熙四十四年（1705 年）。五卷内容分别是小学四字韵语，十岁前各阶段的教学内容（食、言、数、名、让、仪等），学书，学计（数），学乐舞、诵诗等。[①]

该教材为小学阶段所有，贯彻了李塨的有关实习、实行、实体和实用的教育思想。

① 陈青之. 民国大师文库 第 6 辑 中国教育史 下［M］. 北京：北京联合出版公司，2015.

第四章　明清教材的知识体系

明清教材文本内容指向了什么样的知识世界？今之“知识”一词，与古代汉语中“知”“智”相同。如《史记·商鞅变法》：“有独知之虑者，必见放于民。”《荀子·王制》：“草木有生而无知，禽兽有知而无义。”《注》曰：“知为性识也。”这里的知为见解、知识。又如《易·蹇》：“见险而能止，知矣哉。”这里的知同“智”，知为“智”古今字。

在我国古代哲学中，“知”是知识论的重要范畴，是认识论所要研究的一个主要问题。在知识论问题上，我国古代哲学对知识的本质或什么是知识的问题缺乏探讨，而重视的是知识的功能——知识功能体现的是知识与他物联系的特点。如荀子说：“所以知之在人者谓之知；知有所合谓之智。”是说人具有认识能力，此为“知”，这就是知识。“知有所合”即人的认识能力与客观事物相接触、相符合，此为“智”，即智慧①。中国古代传统的学习目的是通过掌握伦理知识实现个体的道德完善，而不是掌握知识以提升智慧水平，一些传统教育思想家也不主张学生空谈玄理，作纯粹的理性思辨，而主张经世致用，提升个性修养。根据中国传统教育思想对“知识”的定位，这80余本教材文本所呈现的内容是什么样的知识指向？这些知识如何架构并呈现在教材之中？在明清时代，什么样特征和属性的“知识”能作为培养人才的重要内容而被选择进入了教材？是秉承什么样的知识观念？本章拟对明清教材文本的知识体系予以具体考察。

通过整理与分析，明清教材是将“人物及事件”作为“知识”的主角，呈现了人文、经义、律法、礼制、规范、审美、文体、科学、技术等知识，且各类知识外延相对宽广，呈现形式不一，最大限度地包揽了明清时代及以前的“知识”。具体如表4-1所示，现结合具体教材文本分节予以介绍。

表4-1　明清教材文本的知识分类

知识类型	外延主题词	教材范例
历史与人文	鲜活人物	《千字文》
	具体事件	《龙文鞭影》
	文化标识	《二十四孝图说》

① 杨生枝. 走进哲学世界（下）[M]. 西安：陕西人民出版社，2015.

续表

知识类型	外延主题词	教材范例
思想与义理	直抒义理	《小儿语》
	官修权威	《五经大全》
	名家导读	《四书集注大全》
	博览众家	《性理大全》
	经世致用	《说苑》
生存与生活	日常行为样本	《弟子规》
	社会角色规则	《皇明祖训》
	生活生存法则	《大明律》
审美与文体	创作与审美启蒙	《声律启蒙》
	诗词大会	《千家诗》
	能臣作文	《钦定四书文》
	文豪经典	《唐宋八大文钞》
科学与技术	天文地理	《畴人传》
	渔林制造	《幼学琼林》
	数理科学	《九章算术》

第一节　关于历史与人文的知识：人物及事件文本

明清教材文本有着庞大的知识存量，研究在具体考察明清教材知识属性的基础上发现，历史与人文占据了很大部分，并且人物与事件文本作为知识呈现的主要方式，担当了“历史与人文知识的主角”。其文本中的人物鲜活而繁多，涉及的事件独特而具体，海量的人物及其事件文本也形成了明清的文化标识。且这种呈现在蒙学教材中尤为突出，《三字经》《千字文》《幼学琼林》《龙文鞭影》《二十四孝图说》等教材均具有一定的代表性。

一、鲜活的人物：以《三字经》《千字文》为例

经文本整理与分析发现，在作为基础蒙学识字教材的《三字经》的一千多个文字中，共提及了55个人物及其事件，具体人物与事件见表4-2。这些人物身份不一，包括帝王19位、学问大家15位、读书人9位、幼童4位、艺术家1位、家长2位、其他类型5位；从人物所涉及的事件来看，以朝代更迭、经典书目、孝行义举、勤学典范为主，且均具有代表性。

表 4-2　《三字经》人物及事件明细表

序号	人物	事件	原文
1	孟子母亲	孟母三迁、孟子逃学	孟母，择邻处，子不学，断机杼
2	窦禹钧	教子有方，五个儿子科举成名	窦燕山，有义方，教五子，名俱扬
3	东汉黄香	九岁时以身暖被来孝敬父亲	香九龄，能温席，孝于亲，所当执
4	汉代孔融	四岁时让梨给哥哥	融四岁，能让梨，弟于长，宜先知
5	孟子	孟轲作《孟子》	孟子者，七篇止，讲道德，说仁义
6	子思	子思《中庸》	作中庸，子思笔，中不偏，庸不易
7	曾子	曾子作《大学》	作大学，乃曾子，自修齐，至平治
8	周公	周公作《周礼》	我周公，作周礼，著六官，存治体
9	戴德	整理并且注释《礼记》	大小戴，注礼记，述圣言，礼乐备
10	戴圣	整理并且注释《礼记》	大小戴，注礼记，述圣言，礼乐备
11	公羊高	公羊高著《公羊传》	有公羊
12	左丘明	左丘明著《左传》	有左氏
13	谷梁赤	穀梁赤著《穀梁传》	有谷梁
14	荀子	著书	五子者，有荀扬
15	扬子	著书	五子者，有荀扬
16	文中子	著书	文中子
17	老子	著书	及老庄
18	庄子	著书	及老庄
19	伏羲氏	上古时代的皇帝	自羲农，至黄帝，号三皇，居上世
20	神农氏	上古时代的皇帝	自羲农，至黄帝，号三皇，居上世
21	黄帝	上古时代的皇帝	自羲农，至黄帝，号三皇，居上世
22	唐尧	尧把帝位传给才德兼备的舜	唐有虞，号二帝，相揖逊，称盛世
23	虞舜	尧把帝位传给才德兼备的舜	唐有虞，号二帝，相揖逊，称盛世
24	禹	夏朝开国君主	夏有禹，商有汤
25	汤	商朝开国君主	夏有禹，商有汤
26	文王	周朝的开国君主	周文武，称三王
27	武王	周朝的开国君主	周文武，称三王。周武王，始诛纣
28	纣王	商纣王时，商朝灭亡	六百载，至纣亡
29	汉高祖	汉高祖建立汉朝	高祖兴，汉业建
30	王莽	王莽篡权，改国号为新，天下大乱	至孝平，王莽篡
31	汉献帝	汉献帝时东汉灭亡	四百年，终于献
32	宇文觉	西魏被宇文觉篡位，建立北周	宇文周
33	高洋	东魏被高洋篡位，建立北齐	与高齐

续表

序号	人物	事件	原文
34	唐高祖	李渊起兵反隋，建立唐朝	唐高祖，起义师，除隋乱，创国基
35	赵匡胤	赵匡胤接受后周禅让的帝位，建立宋朝	炎宋兴，受周禅
36	朱元璋	朱元璋长久南征北战	明太祖，久亲师
37	崇祯	崇祯在煤山自尽，明朝灭亡	迨崇祯，煤山逝
38	努尔哈赤	清太祖努尔哈赤建立政权，征战四方	清太祖，膺景命，靖四方，克大定
39	项橐	孔子曾向鲁国神童项橐学习	昔仲尼，师项橐
40	赵普	赵中令官至中书令，但仍读《论语》	赵中令，读鲁论
41	西汉路温舒	因买不起书把文字抄在蒲草上阅读	披蒲编，削竹简，彼无书，且知勉
42	公孙弘	因买不起书把春秋刻在竹片上学习	披蒲编，削竹简，彼无书，且知勉
43	晋朝孙敬	读书时将头发拴到屋梁上，防打瞌睡	头悬梁
44	战国苏秦	读书疲倦时用锥子刺大腿	锥刺股
45	晋人车胤	将萤火虫放在纱袋以照明读书	如囊萤
46	晋人孙康	用积雪的反光照明读书	如映雪
47	汉朝朱买臣	砍柴为生，边担柴边读书	如负薪，如挂角，身虽劳，犹苦卓
48	隋朝李密	放牛时把书挂在牛角上，有时间就读	如负薪，如挂角，身虽劳，犹苦卓
49	苏洵	二十七岁努力读书成大学问家	苏老泉，二十七，始发愤，读书籍 彼既老，犹悔迟，尔小生，宜早思
50	宋朝梁灏	八十二时考中状元	若梁灏，八十二。对大廷，魁多士 彼既成，众称异。尔小生，宜立志
51	北齐祖莹	八岁能吟诗，当了秘书监著作郎	莹八岁，能咏诗
52	唐朝李泌	七岁时以下棋为题作诗	泌七岁，能赋棋
53	东汉蔡文姬	能辨别琴声好坏	蔡文姬，能辨琴
54	晋朝谢道韫	能出口成诗	谢道韫，能咏吟
55	唐朝刘晏	神童，七岁做官	唐刘晏，方七岁，举神童，作正字

《千字文》提及了29个人物及其事件，具体人物与事件见表4-3。根据人物的身份进行分类，帝王8位，文臣武将10位，发明家5位，美人2位，学问大家2位，其他2位；从人物所涉及的事件来看，以人物特点及其关键性代表事件为主。

表4-3　《千字文》人物及事件明细表

序号	人物	事件	原文
1	仓颉	创造文字	始制文字，乃服衣裳
2	嫘祖	制作衣裳	始制文字，乃服衣裳
3	唐尧	英明无私，主动让给贤人	推位让国，有虞陶唐

续表

序号	人物	事件	原文
4	虞舜	英明无私，主动让给贤人	推位让国，有虞陶唐
5	周武王姬发	安抚百姓，讨伐暴君	吊民伐罪，周发殷汤
6	商君成汤	安抚百姓，讨伐暴君	吊民伐罪，周发殷汤
7	齐桓公	九次会合诸侯，出兵援助小国	桓公匡合，济弱扶倾
8	晋献公	向虞国借路消灭虢国	假途灭虢
9	晋文公	在践土与诸侯会盟，推为盟主	践土会盟
10	萧何	制订九律	何遵约法
11	韩非子	韩非受酷刑	韩弊烦刑
12	秦将白起	名将	起翦颇牧，用军最精 宣威沙漠，驰誉丹青
13	秦将王翦	名将	起翦颇牧，用军最精 宣威沙漠，驰誉丹青
14	赵将廉颇	名将	起翦颇牧，用军最精 宣威沙漠，驰誉丹青
15	赵将李牧	名将	起翦颇牧，用军最精 宣威沙漠，驰誉丹青
16	大禹	大禹治水	九州禹迹
17	孟子	崇尚纯洁	孟轲敦素
18	子鱼	史官子鱼秉性刚直	史鱼秉直
19	汉代王充	热爱读书	耽读玩市，寓目囊箱
20	吕布	擅长射箭	布射僚丸
21	宜僚	善玩弹丸	布射僚丸
22	嵇康	善于弹琴	嵇琴阮啸
23	阮籍	能撮口长啸	嵇琴阮啸
24	蒙恬	造毛笔	恬笔伦纸
25	蔡伦	造纸	恬笔伦纸
26	马钧	制造水车	钧巧任钓
27	任公子	垂钓大鱼	钧巧任钓
28	毛嫱	貌美，皱眉也像浅笑	毛施淑姿，工颦妍笑
29	西施	貌美，皱眉也像浅笑	毛施淑姿，工颦妍笑

《三字经》与《千字文》被历代学者认为是明清儿童基础性的识字教材，虽均只有短短一千多字，但展现的人物数量之丰富、角色之繁杂、所涉事件之新奇令人叹为观止，基本上 3～8 个字就言说了一个人物及事件，虽然只是以关键词予以呈现，但也能描绘出人物的关键特征或予以形象表达，极大程度地向儿童呈现了经义、历史、人文、礼仪、审美、劳动等各类知识，简短的教材文本所承载的知识量是惊人的。

二、具体的事件：以《幼学琼林》《龙文鞭影》为例

《幼学琼林》仅天文、岁时、地舆、文臣、朝廷、武职和祖孙父子部分就提及了185个人物及其事件，具体见表4-4。在接下来的七个部分中，更是每一句文本都涉及1～2个人物及其事件，如兄弟部分中的“煮豆燃萁，谓其相害；斗粟尺布，讥其不容”提及了曹丕、曹植、汉文帝及其弟弟刘长四个人物；婚姻部分中的“蓝田种玉，雍伯之缘；宝窗选婿，林甫之女”提及了杨雍伯、李林甫及其六个女儿共八个人物；女子部分中的“城号夫人，牢不可破，军称娘子，锐而莫摧”提及了东晋将领朱序母亲、隋末李渊女儿平阳公主两个人物。这些人物来自不同阶层，但都言及了具体而独特的事件，有的是历史事件，有的是远古神话，还有的是百姓常事，但都交代了来龙去脉，且因涉及具体的事件、鲜活的背景而展现出独特的人物特征，并被赋予了一定的社会学意义。

表4-4 《幼学琼林》部分章节人物列表

章节	人物	备注
天文	青女、素娥、律令、阿香、丰隆、滕六、歘火、谢仙、飞廉、箕伯、列缺、望舒、后羿、傅说、夸父、赵盾、赵衰、窦氏、邹衍、伯奇、李绅、郑弘、颜真卿、荆轲、束皙、张楷	26个
地舆	黄帝、夏禹、冯夷、阳侯、祝融、海若、精卫、虞愿、曾子、墨翟、尧、文王、费长房、秦始皇、汤、商鞅、桀	17个
岁时	屈原、桓景、牛郎、织女、唐玄宗、孟嘉、祝融、太皞、诸葛亮、狄青、汉武帝、王羲之、寿阳公主、谢尚、袁宏、寇准、欧阳修	17个
文臣	萧何、曹参、汲黯、刘备、诸葛亮、鲁宗道、卢怀慎、王德用、赵清献、刘宽、项仲山、李善感、张纲、邓攸、谢令、廉范、张堪、鲁恭、郭伋、鲜于子骏、司马光、仇香、潘岳、刘昆、龚遂、张浚、李贺、鲍永、鲍恢、岑羲、岑仲翔、岑仲休、刘氏兄弟、傅家父子、袁翻、寇准、谢安、熙宁三舍人（宋敏求、苏颂、李大临）、庆历四谏士（余靖、欧阳修、王素、蔡襄）、窦可象、吕蒙正、王训、王训父亲	50个
武职	韩愈、柳宗元、欧阳修、苏轼、白起、王翦、廉颇、李牧、范仲淹、项羽、孙膑、吴起、穰苴、尉缭、姜太公、黄石公、韩信、毛遂、冯异、汉文帝、苻坚、张良、卫青、樊哙	24个
祖孙父子	杨广、易牙、王羲之、郭子仪、仲郢之母、老莱子、毛义、伯俞、韦玄成、杜宗武、王敬、宋之问、狄兼谟、罗母、陵母、姜诗、茅容、王僧虔、马璘、祈奚、触詟、萧倣、王霸、张凭、李峤、甘罗、杜孟、薛道衡、员椒、杨奇、王铨、王锡、陈元方、陈季方、宋郊、宋祁、荀氏八兄弟、河东三凤、赵礼、赵孝、曹植、刘长	51个
小计		185个

《龙文鞭影》与《幼学琼林》类似，全书皆为人物及事件，人物及其典故主要来自《二十四史》，并从《庄子》和古代神话、小说、笔记如《搜神记》《列仙传》《世说新语》等书中广泛收集故事，辑录了历史上许多名人的轶闻趣事，共收录了2000多个典故，可以称为一本典故大全。如卷一“一东”中的“重华大孝，武穆精忠”提及了虞舜的孝行、岳飞的精忠报国；卷二“十四寒”中“如龙诸葛，似鬼曹瞒”提及了三国中诸葛亮、曹操两位关键人物，视诸葛亮为“龙”，而视曹操为“鬼”；卷四“八庚”中“相如完璧，廉颇负荆”提及了秦昭王、蔺相如、廉颇三位人物及具体事件。

与《三字经》和《千字文》不同的是，《幼学琼林》和《龙文鞭影》因篇幅和韵语的优势运用了更多的字词描述事件经过，即有更多关于事件的描述与总结，从而使文本更加具体和生动，而其中的人物也因曲折新奇的事件而具备了典型的特征，易为儿童所熟悉和理解。

三、文化的标识：以《二十四孝图说》《为善阴骘》《孝顺事实》为例

明清教材文本描绘的人物与事件具有时代特征。无论是“君子”“孝子”，还是“士大夫”“官员”“名将”，其所展现的行为或事件都属于那个时代的文化标识，从而可以一点一点地积聚，展现明清时代所能接纳的社会实践和生存方式，实现了文化的传承与传播。

以《二十四孝图说》《为善阴骘》《孝顺事实》为例。这几本教材中的文本通过人物及事件，集中展现了儒学伦理道德的核心——“孝”与“善”。书中有关“孝”的人物、事件、行为、规矩均翔实、鲜活地呈现在教材文本之中。其中，《二十四孝图说》描述了24个人物及其行孝的事件，人物角色丰富，包括文人、书法名家、官员、帝王、百姓等，而每个人物提及的行孝事件，要么是有据可考的历史事件，要么具备了神话色彩，尽管是虚拟的事件，但都符合了封建文化的预设，如有关姜诗庞氏的“涌泉跃鲤”故事就是神话故事。在这24个孝行事件中，情节丰富，以日常生活中的给养和照料的具体细节为线索，具体展现了“孝”的行为，具体可见表4-5。

表4-5　《二十四孝图说》人物及事件列表

序号	人物	事件	备注	序号	人物	事件	备注
1	仲由	百里负米	孔子弟子	13	王裒	闻雷泣墓	
2	闵损	芦衣顺母	孔子弟子	14	崔山南	乳姑不怠	
3	郯子	鹿乳奉亲		15	王祥	卧冰求鲤	官员
4	老莱子	戏彩娱亲		16	舜	孝感动天	帝王
5	董永	卖身葬父		17	刘恒	亲尝汤药	帝王
6	丁兰	刻木事亲		18	曾参	啮指痛心	孔子弟子
7	江革	行佣供母		19	吴猛	恣蚊饱血	

续表

序号	人物	事件	备注	序号	人物	事件	备注
8	陆绩	怀橘遗母	科学家	20	杨香	扼虎救父	
9	郭巨	埋儿奉母		21	孟宗	哭竹生笋	
10	黄香	扇枕温衾	神童	22	庾黔娄	尝粪忧心	官员
11	蔡顺	拾葚异器		23	朱寿昌	弃官寻母	官员
12	庞氏	涌泉跃鲤		24	黄庭坚	涤亲溺器	书法家

《为善阴骘》则辑录了165位“身致显荣、庆流后裔”之人的传记，在文中，明成祖增加了自己的论断与诗词，以此教导百姓，这些人流芳百世是由于为善而获得了上天的善报。明成祖编撰此书后，还曾命礼部在科举中在《明大诰》的范例内出题。[①] 全书先讲故事，再评论，以诗赞结尾，其主旨都与“阴骘”有关。如：弘敬延寿、许逊升真、林积还珠、必大免吏、孝基还财、杨宝求雀、裴度仁恤、禹钧行善、宋郊渡蚁等。[②] 事件的始末也符合封建伦常，如“裴度仁恤”讲述裴度家贫但拾金不昧且得官，位至将相，福禄双至；“禹钧行善”描述窦禹钧原本无子，但因积阴德，“得五子，名俱扬”，且寿终八十二。

《孝顺事实》则从儒家经典和历代史传中选取207则孝子故事，全书先讲故事，再评论，以诗赞结尾，其中前九卷为孝子故事，第十卷专叙孝女故事。207则孝子故事可划分为照料饮食起居、关怀其亲顺敬爱悦、营葬居丧、思亲、救亲、忠君、侍疾、寻亲、复仇等九类。有研究者将《孝顺事实》的内涵概括为四个方面：对父母的孝敬，对先祖的祭祀，对君主的孝以及立身扬名。《孝顺事实》生事奉养的例子共108个，占总数的52%左右，以事死为主要孝行的共92例，约占总数的44%。这三本教材中具体的人物及其事件全方位、全过程展示了何为“孝”与“善”，如何“孝”与“善”，以及相应的功能和价值等内容，进而凝练成为“孝”“善”的文化，标注了家国伦理的核心所在。

第二节　关于思想与义理的知识：人文与经义文本

明清教材善于“选史”，也擅长“说理”，关于思想与义理的知识几乎贯穿了所有蒙学、书院与官学教材。其中，蒙学教材以《三字经》《小儿语》《续小儿语》《幼学琼林》《日记故事》为主，官学、书院教材以《五经大全（周易大全、书传大全、诗经大全、礼记大全、春秋大全）》《四书大全（大学章句、大学或问，中庸章句、中庸或问，孟子集注大全，论语集注大全）》《性理大全》为典型代表。需要指出的是，蒙学中人文与经义

① 李林楠. 阴影下的大帝 明太宗朱棣 修订本 [M]. 上海：上海书店出版社，2017.

② 杨宗红. 理学视域下明末清初话本小说研究 [M]. 广州：暨南大学出版社，2016.

文本都出自传统的四书五经，即两个不同阶段的文本是以不同的形式予以表达的，且在范畴上有所差异。一方面四书五经类文本内容对其他所有教材文本内容具有渗透性与指导性，另一方面是大部分文本内容为后续对四书五经文本内容的理解与运用提供了认识与学习的基础，如蒙学教材中的《三字经》《弟子规》《幼学琼林》《声律启蒙》《增广贤文》等都对四书五经的义理有初步的阐释或简要的义理说明。

一、直抒义理：以《三字经》《小儿语》《续小儿语》为例

《三字经》开篇："人之初，性本善。性相近，习相远。苟不教，性乃迁。教之道，贵以专"，并指出"玉不琢，不成器。人不学，不知义"，直接陈述了个体、环境与教育的关系。接下来分别直抒义理，总括三纲（三纲者：君臣义，父子亲，夫妇顺）；四季（曰春夏，曰秋冬）；四方（曰南北，曰西东）；五行（曰水火，木金土）；十干（甲至癸）；十二支（子至亥）；五常（曰仁义，礼智信）；六谷（稻粱菽，麦黍稷）；六畜（马牛羊，鸡犬豕）；七情（曰喜怒，曰哀惧。爱恶欲，七情具）；五色（青赤黄，及黑白）；五味（酸苦甘，及辛咸）；五臭（膻焦香，及腥朽）；八音（匏土革，木石金。丝与竹，乃八音）；九族（高曾祖，父而身。身而子，子而孙。自子孙，至玄曾）；六经（诗书易，礼春秋）等人文知识。全文没有一字冗余，且每个字都是一个焦点，既与他者汇拢，又可以具体而充分地展开。

相比《三字经》，《小儿语》《续小儿语》所介绍和提及的内容与儿童生活哲理非常贴近，文本通俗但意味深长。如：

"一切言动，都要安详，十差九错，只为慌张。"

"沉静立身，从容说话，不要轻薄，惹人笑骂。"

这讲的是言行举止如何才能妥当，道出了"礼"的儿童行为的内涵及其价值。

"先学耐烦，快休使气，性躁心粗，一生不济。"

"能有几句，见人胡讲，洪钟无声，满瓶不响。"

"一争两丑，一让两有。"

讲的是如何修身养性、宽厚待人，文本以常见的现象予以反讽，让儿童信服与接纳。

"要成好人，须寻好友，引酵若酸，那得甜酒。"

"饱食足衣，乱说闲耍，终日昏昏，不如牛马。"

讲的是要隐忍克让，立志向上，勤学上进。《小儿语》的文本把为人处世的道理和遵行道德的训诫写入其中，希望借此达到"是欢呼戏笑之间，莫非理义身心之学"的教育目的。文本清楚明白，直抒义理，加上内容都是关于人情世事的格言警句，每一句都富有强烈的教化功能，儿童在诵习的过程中能自然而然地受到传统道德的教化。

二、官修权威：以《五经大全》为例

《五经》《四书》是历代学子研修的核心经书。《五经大全》《四书大全》《性理大全》是永乐年间在朱棣的亲自主持下完成的，其意在以程朱为标准，彰显程朱理学为宗的地位，以确立官学教材的权威。

以《五经大全》之中的《周易大全》为例。《周易大全》是一部卜筮之书，分为《经》和《传》两个部分。《经》包括六十四卦的卦象、卦辞和三百八十六爻辞；《传》有十篇。该书从“一阴一阳之谓道”出发，肯定事物的运动变化，永无穷尽，在此基础上，预测事物发展，并认识到当事物发展到一定的程度后，就会变成它的反面。“穷则变，变则通”的哲学命题认为事物的发展变化实际上是矛盾双方运动的结果，而且是一个不断往复循环的过程。很多当代耳熟能详而富于哲理的语句就出自《周易大全》，摘录部分文本见表 4-6。

表 4-6　《周易大全》文本范例

文本范例	章节
天行健，君子以自强不息	周易·乾·象传
同声相应，同气相求	周易·乾
地势坤，君子以厚德载物	周易·坤·象传
积善之家，必有余庆；积不善之家，必有余殃	周易·坤
无平不陂，无往不复	周易·泰
君子以见善则迁，有过则改	周易·益·象传
观乎天文，以察时变；观乎人文，以化成天下	周易·贲·彖传
时止则止，时行则行，动静不失其时，其道光明	周易·艮·彖传
天下同归而殊途，一致而百虑	周易·系辞下
君子藏器于身，待时而动	周易·系辞下

而《书传大全》的文本知识则为上古历史和事迹，如：

《尚书·尧典》中史官记叙尧的事迹：“允恭克让，光被四表，格于上下。”

《尚书·舜典》中，舜任命夔为乐官，说“诗言志，歌永言，声依永，律和声”，“诗言志”中的“志”，指思想、志向、抱负等，呈现对诗歌本质特征的认识，反映了诗歌的创作主张。

《尚书·大禹谟》中记叙大禹、伯益和舜谋划政事，“汝惟不矜，天下莫与汝争能；汝惟不伐，天下莫与汝争功”“人心惟危，道心惟微，惟精惟一，允执厥中。无稽之言勿听，弗询之谋勿庸”“满招损，谦受益，时乃天道”。

《尚书·伊训》中史官记载伊尹的话：“与人不求备，检身若不及。”

《尚书·旅獒》中的“不矜细行，终累大德。为山九仞，功亏一篑”。

《尚书·无逸》中的“君子所，其无逸。先知稼穑之艰难，乃逸，则知小人之依”。

《尚书·蔡仲之命》中记载周成王告诫蔡仲，“皇天无亲，惟德是辅；民心无常，惟惠之怀”“为善不同，同归于治；为恶不同，同归于乱”。

《诗经大全》虽为诗歌总集，但也有朱子对其的注解以及诗歌本身的义理。《春秋大全》以胡安国《春秋传》为主，袭自汪克宽《春秋胡传附纂疏》，增加了《诸国兴废说》《春秋二十国年表》。其增设类目不多，但根据《春秋传》的特点，重视增补年代、史实方面的内容，突出了《春秋传》的史书功能。《礼记大全》根据元朝陈澔《云庄礼记集说》补益而成，采诸儒之说四十二家。[①]《礼记大全》内容驳杂，体例也不一致，有论叙、有注释，也有杂记，内容体现了古代社会伦理观察、宗法制度、阶段关系以及儒家思想文化。摘录部分文本如表 4-7。

表 4-7　《礼记大全》文本示例

篇章	部分文本
《礼记·檀弓下》	小子识之，苛政猛于虎也
《礼记·经解》	人其国，其教可知也；其为人也，温柔敦厚，诗教也
《礼记·学记》	是故学然后知不足，教然后知困。知不足，然后能自反也，知困，然后能自强也
《礼记·礼运》	大道之行也，天下为公
《礼记·中庸》	喜怒哀乐之未发，谓之中，发而皆中节，谓之和

三、名家导读：以《四书大全》为例

《四书大全》共三十六卷，其全名是《四书集注大全》，可以视为朱熹《四书集注》的增广本，且引用由汉至明诸儒之说计一百零六家。[②] 关于四书的内容，朱熹曾明示如何安置四书，其实就是界定了四书的内容，且存意在于导读。

“某要人先读《大学》，以定其规模；次读《论语》，以立其根本；次读《孟子》，以观其发越；次读《中庸》，以求古人之微妙处。《大学》一篇有等级次第，总作一处，易晓，宜先看。《论语》却实，但言语散见，初看亦难。《孟子》有感激兴发人心处。《中庸》亦难读，看三书后，方宜读之。”

《大学章句》首篇提出“大学之道，在明明德，在亲民，在止于至善”三纲领，又提出了格物、致知、诚意、正心、修身、齐家、治国、平天下“八条目”，而“八条目”则是实现“三纲领”的途径，其中，修身最为根本。《大学章句》全面总结了先秦儒家关于道德修养、道德作用及其与治国平天下的关系，其文辞简约，内涵深刻，古代无数志士仁

① 熊承涤. 中国古代学校教材研究［M］. 北京：人民教育出版社，1996.

② 何晓明. 中华文化事典［M］. 武汉：武汉大学出版社，2008.

人由此登堂入室，初窥儒学，由此可见其巨大影响。原文例：

“大学之道，在明明德，在亲民，在止于至善。”

“知止而后能定，定而后能静，静而后能安，安而后能虑，虑而后能得。”

《大学或问》与《大学章句》相表里，载《朱子语类》卷十四。因采用问答体形式，则称为“或问”。这是朱熹著《大学章句》后，考虑到学者尚有不理解处，特著此以作释疑之用。朱熹自称《章句》如《大学》篇的注脚，而《或问》篇“乃注脚之注脚”，教“学者且去熟读《大学》正文了，又仔细看《章句》，《或问》未要看，俟有疑处，方可去看。”

《中庸章句》开卷提出：“天命之谓性，率性之谓道，修道之谓教。”意即人的本性由天所赋，顺应和发扬人之本性即是道，让人们遵行和推广天赋之道就是教化。朱熹认为，《中庸》从“中”到“和”再到“天地位焉，万物育焉”也是“内圣外王”之道，《中庸》“喜怒哀乐之未发，谓之中，发而皆中节，谓之和”“君子之道，譬如行远必自迩，譬如登高必自卑”“凡事预则立，不预则废”“言在耳目之内，情寄八荒之表”“执其两端而用其中”等是之谓也。

《中庸章句》提出了天人合一的命题①。“诚者，天之道也；诚之者，人之道也。”诚是天地的根本法则，努力以达到诚的境界是为人之道。“唯天下至诚，为能尽其性；能尽其性，则能尽人之性；能尽人之性，则能尽物之性；能尽物之性，则可以赞天地之化育；可以赞天地之化育，则可与天地参矣。”子思在这种天人合一的前提下，进一步提出了“君子尊德性而道问学，致广大而尽精微，极高明而道中庸”的修养原则。所谓“道问学”包括博学、审问、慎思、明辨和笃行五个紧密联系的环节，其中博学、审问是获得知识的途径，慎思、明辨是自己内心思辨以获得认识的手段，笃行即将知识赋予行动的实践。通过学、问、思、辨，找到了善知识，就应该即知即行，促其实现。所谓“尊德性”，就是以合乎天理的道心，矫治杂含偏欲的人心，这就是所谓心法。“心法”要求本乎至诚，克服虚伪，做到“慎独”，内省负疚，“不愧于屋漏”，即“暗室不欺，正大光明”，这种品德正是当今社会所需的。

再看《孟子集注大全》首章指出：“凡七章。勿轩熊氏曰：一章义利之辨，兼言孟子之学；二章言与民同乐；三、四、五、六章皆言仁政；七章兼言王霸之辨。”以对话为主的写作方式，其长篇对话多达1600多字。孟子又善于运用比喻和寓言说理。如“人无有不善，水无有不下”“民之归仁也，犹水之就下，兽之走圹也”，提出了系统的“仁政理论”与性善论。各篇均有所侧重，没有弟子们单独论述的章节。文章言简理明，富于雄辩色彩，环环相扣，词锋犀利，气势充沛，使人读来心悦诚服。

《论语集注大全》以倪士毅《四书辑释》为蓝本，除了抄录外，还增加了诸儒之说。有郑玄、孔颖达、周敦颐、程颢、程颐、张载、邵雍、吕大临、尹焞、谢良佐、苏轼、陆九渊、真德秀、倪士毅等一百零六家。如《为政篇》中的“子曰君子不器”章，在正文

---

① 叶汉声. 国学经典导读［M］. 长沙：湖南师范大学出版社，2015.

后，先列《论语集注》中朱子的解释："器者，各适其用而不能相通。成德之士，体无不具，故用无不周，非特为一才一艺而已。"接着便引用了程子、朱子、黄干、胡炳文的解说。①

《论语集注大全》首篇记载了如何"读"，也显现了"导"的特征：

吴氏程曰："论，撰也，次也。撰次，孔子及弟子语也。"学而第一。此为书之首篇，故所记多务本之意。为政第二。共二十章，五章言政，皆以德为本，言孝四章，行之于家者也，言行二章，行之于身者也，末后二章言礼乐，为后篇起头。八佾第三，言礼二十一章，言乐三章，通言礼乐一章，夫子出处一章。里仁第四。前七章言仁，余多言学。公冶长第五、雍也第六。皆论古今人物贤否得失。包括孔门弟子、列国大夫、古今贤人等。泰伯第八，言古之圣贤。子罕第九。②

从33岁到71岁，朱熹耗费近40年致力于对儒家经典的重新诠释，最终形成《四书集注》。在朱熹看来，"若理会此书，何书不可读，何理不可究，何事不可处！"且在程朱理学为宗的专制文教背景下，《四书大全》所传承的人文与经义在"朱子"这位名家的导读之下，其文本之经典、理论之深刻、体系之完整、内容之丰富、传播之广泛堪称经典之首，成为公认的中国古代最具代表的文化经典。

四、博览众家：以《性理大全》为例

《性理大全》共七十卷，先列正文，再置诸家之说，所采宋儒之说凡一百二十余家，是当时同类书籍中最详细、门类最多的书③。《性理大全》博览众家，穷尽其有，较《朱子语类》更为丰富，体例也更加完整。前二十五卷收入宋儒著作九种，他们虽然各自独立成篇，但整体上能形成对程朱性理之学全面的认识，是以性理之学为中心的丛书，完整地反映了性理之学的成就，具体见表4-8。

表4-8　《性理大全》采编的宋儒之说

序号	卷目	著作	作者	主要内容
1	1	《太极图说》	周敦颐	宇宙生成论、人性论
2	2—3	《通书》	周敦颐	关于"易"的理学体系
3	4	《西铭》	张载	封建道德的渊源及价值
4	5—6	《正蒙》	张载	宇宙观
5	7—13	《皇极经世书》	邵雍	象数学派体系

① 罗安宪主编. 中国孔学史［M］. 北京：人民出版社，2008.

② （明）胡广，杨荣，金幼孜等纂修；周群，王玉琴校注. 四书大全校注（上）［M］. 武汉：武汉大学出版社，2015.

③ （明）胡广等撰，孔子文化大全编辑部编. 性理大全［M］. 济南：山东友谊书社，1989.

续表

序号	卷目	著作	作者	主要内容
6	14—17	《易学启蒙》	朱熹	
7	18—21	《家礼》	朱熹	
8	22—23	《律吕新书》	蔡元定	有道家倾向的乐律学著作
9	24—25	《洪范皇极内篇》	蔡沈	以象数阐释自然人事规律
10	26—27			理气
11	28			鬼神
12	29—37			性理
13	38			道统、圣贤
14	39—42			诸儒
15	43—56			学
16	57—58			诸子
17	59—64			历代
18	65			君道
19	66—69			治道
20	70			诗、文

从二十六卷开始，分十三类收录先儒有关的性理内容，无论是分类还是征引诸儒言论，都贯彻求全的结果，十三类共分一百三十余目，有的子目下还附有相关的条目。[1] 有研究评价，尽管《性理大全》被称为抄袭之作，所依据的注解，都是程朱学派的著作，但其在吸收宋元理学诸儒注解精华的同时，修正了其中不合时宜的解释，在一定程度上是对宋元以来的程朱理学的一次集大成式的传承、汇集与整合，是对程朱理学完整的传承和发扬，在经学诠释及思想统一、文化认同等方面具有社会政治意义。

在明清各级学校的与经义有关的教材中，大部分具备“博览众家”的知识汇集特征。如《十三经注疏》，兼采众家之说，展示了各流派的宗旨；书院派教材《理学精蕴》记载了宋明理学道统传承谱系；《皇清经解》搜集经学著作达七十四家 180 余种；《宋元学案》列举 91 个学案；《明儒学案》评述学者达 200 余人。

① 曾贻芬，崔文印．中国历史文献学史述要［M］．北京：商务印书馆，2000．

五、经世致用：以“武经七书”《孝经》《说苑》为例

（一）“武经七书”

“武经七书”是中国古代兵书的精华。“武经七书”主要采用对话的形式，阐述了经世治军建国之理，实为经世致用的学校教材。

如《孙子兵法》分别论述了计、作战、谋攻、形、势、虚实、地形、九地、火攻、军争、九变、行军、用间等问题，其中蕴含了丰富的军事思想，并与各类军事问题环环相扣，互为联系，形成一套完整的军事理论体系。

如上卷第一篇“始计”：

“……一曰道，二曰天，三曰地，四曰将，五曰法。道者，令民与上同意，可与之死，可与之生，而不危也。天者，阴阳、寒暑，时制也。地者，远近、险易、广狭、死生也。将者，智、信、仁、勇、严也。法者，曲制、官道、主用也……吾以此知胜负矣”①

开篇就论述了决定战争胜败的基本因素，列出了影响战争胜负的“五事”，优秀将帅必须具备的“五德”、法制需要的三要素，“吾以此知胜负也”，根据这些就可以判断胜负。《孙子兵法》原本为指导吴国的军事斗争而作，曾向吴王表示“将听吾计，用之必胜”。②这也体现了军事著作的针对性和实用性。

《司马法》现存的五篇记载了殷周到春秋战国时期的作战原则和方法，如：

“……不违时，不历民病，所以爱吾民也；不加丧，不因凶，所以爱夫其民也；冬夏不兴师，所以兼爱其民也。故国虽大，好战必亡；天下虽安，忘战必危。天下既平，天下大恺，春蒐秋弥，诸侯春振旅，秋治兵，所以不忘战也。”③

《六韬》为兵书兼政书。书中的“六”分别指文、武、龙、虎、豹、犬，涉及军队的各类事项以及军事理论。该书的文本是以周文王、武王和姜太公对话的形式呈现。如“文韬”篇中的文本，讲述了为政之道：

文王曰：……钓有三权：禄等以权；死等以权；官等以权。夫钓以求得也，其情深，可以观大矣……源深而水流，水流而鱼生之，情也；根深而木长，木长而实生之，情也；君子情同而亲合，亲合而事生之，情也。言语应对者，情之饰也；言至情者，事之极也。④

《李卫公问对》的文本也是采用了对话的形式，用战例来阐述和探讨战略，即在总结战争经验的基础上发展战略战术原则。宋人戴少望曾评价其“兴废得失，事宜情实，灿然华举，皆可垂范将来”。如：

太宗曰：“高丽数侵新罗，朕遣使谕，不奉诏，将讨之，如何？”

---

① 《中国军事史》编写组编．武经七书注译［M］．北京：解放军出版社，1986.

② 刘亦冰．《孙子兵法》与吴越文化［J］．文史哲，1994（01）：63－71.

③ 《中国军事史》编写组编．武经七书注译［M］．北京：解放军出版社，1986.

④ 《中国军事史》编写组编．武经七书注译［M］．北京：解放军出版社，1986.

靖曰："探知盖苏文自恃知兵，谓中国无能讨，故违命。臣请师三万擒之。"

太宗曰："兵少地遥，以何术临之?"

靖曰："臣以正兵。"

太宗曰："平突厥时用奇兵，今言正兵，何也?"

靖曰："诸葛亮七擒孟获，无他道也，正兵而已矣。"①

《孝经》以"孝"为中心，阐发了伦理思想及行为准则。《孝经》的内容，依托孔子与学生曾参的问答，首先论及了孝行的始终，即"始于事亲，中于事君，终于立身"，接下来具体论述了不同阶层群体如何履行"孝"：如天子之孝是"爱亲""敬亲""德教"；诸侯之孝是"高而不危""满而不溢"；卿大夫之孝是"非法不言，非道不行"；士子之孝是"忠顺不失，以事其上"，庶人之孝则是"谨身节用，以养父母"。《孝经》还对不同的情境下如何履行孝提出了要求，在"居"时要"敬"，在"养"时要"乐"，在"病"时要"忧"，在"丧"时要"哀"，而在"祭"时则要"严"，《孝经》内容所揭示的"孝"的内涵与要求，不仅是个体修为与立身之本，也是齐家治国的必要行径。

再看《说苑》。徐兴无指出，《说苑》有"完备的分类体系与思想体系"，"相邻的类名义项接近"。② 具体的知识内容如表 4-9。

表 4-9 《说苑》主题及主要内容③

序号	主题	主要内容
卷一	君道（为君之道）	君臣之道
卷二	臣术（作臣子的方法）	
卷三	建本（建立根本）	君子立身之本
卷四	立节（保持节操）	
卷五	贵德（重视德行）	君主臣民以德相感召
卷六	复恩（知恩必报）	
卷七	政理（从政的道理）	王霸之政及尊贤成功之理
卷八	尊贤（尊重人才）	
卷九	正谏（忠直劝谏）	进谏敬慎，存身之道
卷十	敬慎（崇尚谦逊）	
卷十一	善说（说话的艺术）	知言善说及行人之辞
卷十二	奉使（出使的典范）	

① 《中国军事史》编写组. 武经七书注译 [M]. 北京：解放军出版社，1986.

② 夏德靠. 论《说苑》《新序》的编撰及其文体特征 [J]. 中华文化论坛，2018 (05)：66—77.

③ 方勇主编；程翔评注. 说苑 [M]. 北京：商务印书馆，2018.

续表

序号	主题	主要内容
卷十三	权谋（出色的谋略）	权谋公正、慎兵备战之道
卷十四	至公（无私的行为）	
卷十五	指武（谈兵论战）	
卷十六	谈丛（哲言荟萃）	汇编修身治国之言
卷十七	杂言（其他道理）	
卷十八	辨物（辨别事物）	辨物达性、文质相用之道
卷十九	修文（制订礼乐）	
卷二十	反质（返璞归真）	

《说苑》集史实与说理于一体，广采群书，与十几种古籍可互见，从中可以窥见先秦典籍文化胜景。[①] 其内容善于叙事，对话描写高超，文字简要，是以著述当谏书。该书从古书中大量取材，以儒家思想为主体，兼顾道家、墨家、法家思想，涵盖了忠君爱臣、敬天保民、尊贤斥佞、知恩图报、奖功罚罪、重视治术、戒奢倡简等，提到的历史人物多达670余人，阐述的主要内容实际上就是一个如何治国理政的纲领。

第三节　关于生存与生活的知识：律法与礼制文本

自古以来，律法与礼制有着紧密的联系，礼制类书籍不仅是读书人日常吟诵的教材，也是统治者制度立法的指南。[②] 明清期间也不例外，律法与礼制规定之间也相互交通，是作为明清时代生存与生活的知识而显现的，因此，在明清教材体系中，礼制与律法文本也是其主要组成部分。

在蒙学教材中，大部分都选编了儿童礼制的知识，其中以《弟子规》《太公家教》等为代表；官学教材中涉及礼制及律法的教材很多，如《皇明祖训》《大明集礼》《孝顺事实》《颜氏家训》《五伦书》《礼仪定式》《说苑》《贞观政要》《历代臣鉴》等。

一、行为样本：以《弟子规》为例

在《弟子规》中，教材文本就儿童行为准则作出了翔实而具体的规定，塑造出了儿童生活的行为样本。以其中关于“孝”的日常行为的文本为例。

---

① 方勇主编；程翔评注．说苑［M］．北京：商务印书馆，2018.

② 李宝臣．论明清政治立法的礼制原则［J］．明清论丛，2002（00）：40—51.

“父母呼，应勿缓，父母命，行勿懒，父母教，须敬听。父母责，须顺承。冬则温，夏则清。晨则省，昏则定。出必告，反必面。居有常，业无变。”

何为“孝”行？从日常生活的点滴开始，父母“呼”“命”“教”“责”都有相应的要求，“离家”“归家”也有相应的流程。除开这些日常规范，在特定的情况下，如父母患疾或病故后对“孝”行有着具体而苛刻的规定。

“亲有疾，药先尝。昼夜侍，不离床。丧三年，常悲咽。

居处变，酒肉绝。丧尽礼，祭尽诚。事死者，如事生。”

除开如何践行“孝”这个家庭伦理核心，《弟子规》还详尽列举了儿童日常作息、健康、服饰、仪态等规则的知识，文本如下。

朝起早，夜眠迟。老易至，惜此时。晨必盥，兼漱口。便溺回，辄净手。

冠必正，纽必结。袜与履，俱紧切。置冠服，有定位。勿乱顿，致污秽。

步从容，立端正。揖深圆，拜恭敬。勿践阈，勿跛倚。勿箕踞，勿摇髀。

缓揭帘，勿有声。宽转弯，勿触棱。执虚器，如执盈。入虚室，如有人。

这些文本比较全面地展现了儿童各类行为规范，有些行为要求细致入微，如“缓揭帘”“勿触棱”“执虚器，如执盈”，着实是在全方位地塑造一个个端正从容的童子形象。

二、角色规则：以《皇明祖训》为例

《皇明祖训》分为祖训首章、持守、严祭祀、谨出入、慎国政、职制、兵卫、营缮、供用、礼仪、法律、内令、内官十三部分，规定各类社会角色的礼仪与规矩。如持守篇：

“凡吾平日持身之道，无优伶进狎之失，无酣歌夜饮之欢；正宫无自纵之权，妃嫔无宠恣之专幸。”

严祭祀篇：

“凡祀天地，正祭前五日，午后沐浴更衣，处于斋宫；次日早传制，戒谕百官；又次日告仁祖庙，致斋三日行事。”

内令篇：

“自后妃以下，一应大小妇女及各位下使数人等，凡衣食、金银、钱帛并诸项物件，尚宫先行奏知，然后发遣内官监官。监官覆奏，方许赴库关支。尚宫若不奏知，朦胧发遣，内官亦不覆奏，辄擅关支，皆处以死。”

甚至关于帝王的日常生活也有具体的条目，要求“重持身”“慎国政”“严祭祀”。其中，“严祭祀”包括要沐浴更衣、斋戒、按时，“皆当极其精诚”，亲王宫室要依照规矩起盖，不许犯分，不许接民上书，不许结交奔竞之徒等。①

① 舜犁.《皇明祖训》——一部传授治国之道的皇室家训［J］. 中国行政管理，1994（03）：31－33.

三、生存法则：以《大明律》《大明会典》《明大诰》为例

生存法则，即律法类书籍或条款作为官定教材，这也是明清教材体系的特色之一。作为传统的律典，《大明律》对谋反、谋大逆等罪的刑罚要比唐律严厉，且分类水平较高，共七篇三十卷四百六十条[①]，具体篇目如表 4-10。

表 4-10　《大明律》文本结构与内容

篇	卷数	篇（条）
《名例律》	一卷	五刑 十恶 八议
《吏律》	二卷	《职制》篇 《公式》篇
《户律》	七卷	《户役》篇 《田宅》篇 《婚姻》篇 《仓库》篇 《课程》篇 《钱债》篇 《市廛》篇
《礼律》	二卷	《祭祀》篇 《仪制》篇
《兵律》	五卷	《宫卫》篇 《军政》篇 《关津》篇 《厩牧》篇 《邮驿》篇

① 葛少芸，付莹，孙双秀，等. 中国法律制度变迁研究［M］. 兰州：甘肃民族出版社，2008.

续表

篇	卷数	篇（条）
《刑律》	十一卷	《盗贼》篇 《人命》篇 《斗殴》篇 《骂詈》篇 《诉讼》篇 《受赃》篇 《诈伪》篇 《犯奸》篇 《杂犯》篇 《捕亡》篇 《断狱》篇
《工律》	二卷	《营造》篇 《河防》篇

《大明会典》以六部官制为纲，按宗人府、六部、都察院、六科、各寺、府、监、司的顺序，分别叙述各行政机关的职掌和事例。在每一官职之下，先记载有关的诏令、法律，再记载本部门的事例。在没有适当的律令时，就只记载事例①。《大明会典》的内容取自明朝官修律、令、礼、式、宪纲和各行政机关的档案籍册，内容广博，记述详备。如：

窑冶旧有砖瓦、石灰，今归营缮司。其烧造、铸造诸器物，皆官府取用，制钱与钞兼行民间，故详载焉。凿石取煤，具有禁令，今列于后。

正统间，令都察院出榜禁约官员、军民人等，不许于芦沟桥以东及西一带，凿山取石。但曾掘或坑坎者，责令填平。今后取石，俱于芦沟桥河西一带取用。还差人巡视。如有故违，仍于河东一带取石者，治以重罪②。

与《大明会典》相比，《明大诰》在内容上以严刑惩吏为重点，设立罪名，采用酷刑，刑法苛重，代表了明朝君主专制的极度发展，是明初社会及其重典政策的真实写照。《明大诰》以官职分卷，卷下记载有关律令、事例，总共236个条目，其酷刑达30多种，罗列罪状达万余种。

① 李振宇，李润杰．法律文献学［M］．长沙：湖南人民出版社，2010．

② 熊寥，熊微．中国陶瓷古籍集成［M］．上海：上海文化出版社，2006．

第四节　关于审美与文体的知识：诗词与文体文本

明清多数学校未呈现专科化的属性，如蒙学中的私塾和官学中的国子监。根据教材文本知识存量，儿童和监生均要学习大量的知识，若与当代相比，与全科型学习无异；儿童需要掌握的生字、诗文也是以数千级来计算的，能在阅读与写作方面形成一定的造诣。从这一点来看，明清时期儿童少年能吟诗赋对是具有合理性和普遍性的。国子监学员以科举进仕为学习目标，文体类教材的知识也是其主要的功课之一。

一、创作与审美启蒙：以《声律启蒙》《笠翁对韵》《增广贤文》为例

（一）《声律启蒙》与《笠翁对韵》

《声律启蒙》是声律、音韵和典故等蒙学知识的综合体，该教材为儿童写作近体诗打下了坚实的根基，是一部诗文创作入门教材。《声律启蒙》分上下两卷，每卷十五个韵部。每个韵部各有三则对文，十六句、八个韵脚。每则对文各有对句十对，从单字对、双字对、三字对、五字对、七字对到十一字对，由简单到繁杂，都组成工稳的对仗。如上卷中“三江”篇的文本：

楼对阁，户对窗，巨海对长江。
蓉裳对蕙帐，玉斝对银釭。
青布幔，碧油幢，宝剑对金缸。
忠心安社稷，利口覆家邦。
世祖中兴延马武，桀王失道杀龙逄。
秋雨潇潇，漫烂黄花都满径；
春风袅袅，扶疏绿竹正盈窗。

下卷中“五歌”篇：

山对水，海对河，雪竹对烟萝。
新欢对旧恨，痛饮对高歌。
琴再抚，剑重磨，媚柳对枯荷。
荷盘从雨洗，柳线任风搓。
饮酒岂知欹醉帽，观棋不觉烂樵柯。
山寺清幽，直踞千寻云岭；
江楼宏敞，遥临万顷烟波。

《笠翁对韵》与《声律启蒙》属于同一类型，体例也基本相同。如上卷“一东”篇：

天对地，雨对风。大陆对长空。

山花对海树，赤日对苍穹。

雷隐隐，雾蒙蒙，日下对天中。

风高秋月白，雨霁晚霞红。

牛女二星河左右，参商两曜斗西东。

十月塞边，飒飒寒霜惊戍旅；

三冬江上，漫漫朔雪冷渔翁。

(二)《增广贤文》

《增广贤文》约四千字，以韵文的形式汇集历代先贤的名言警语、处世格言，内容涵盖礼仪道德、为人处世、读书修身、生命感悟、典章制度等诸多方面。大部分文本内容选自儒释道各家经典、先贤言论、史籍典故、诗文歌赋及戏曲小说，还有些来自俚语格言，生动直观，为蒙童的创作与审美构建了内容基础与价值取向。[①] 如：

同君一席话，胜读十年书。

人心似铁，官法如炉。善化不足，恶化有余。

人生一世，草木一春。黑发不知勤学早，转眼又是白头翁。

得宠思辱，安居虑危。念念有如临敌日，心心常似过桥时。

英雄行险道，富贵似花枝。人情莫道春光好，只怕秋来有冷时。

枯木逢春犹再发，人无两度再少年。未晚先投宿，鸡鸣早看天。

天上众星皆拱北，世间无水不朝东。

张志公认为，属对是创作诗词的基本训练，似乎没有深奥之处，但属对是一种实际的语音训练、词汇训练和语法训练，同时包含修辞训练和逻辑训练，是一种综合的语文基础训练。[②] 这种知识的储备或学习是基础性的，影响至深。

二、诗词大会：以《千家诗》《神童诗》《唐诗三百首》为例

(一)《千家诗》

《千家诗》以易于记诵的五言、七言近体诗为主，作者既有著名诗人、帝王圣贤，也有无名氏，题材多样，山水景物、赠友送别、思乡怀人、吊古伤今、咏物题画、侍宴应制，较为广泛地反映了唐宋时代的社会现实，堪称微型的古代文人生活百科全书。[③]《千家诗》通行本按照季节的顺序编排，每个季节下包含相关主题的诗。全书共四卷，共有诗人 122 家，226 首，整体结构贴合儿童认识习惯，凸显了蒙学教材“以自然时序引导诗歌

① 张齐明译注. 增广贤文 [M]. 北京：中华书局，2013.

② 张志公. 传统语文教育教材论——暨蒙学书目和书影 [M]. 北京：中华书局，2013.

③ 张立敏编注. 千家诗 [M]. 北京：中华书局，2009.

感知”的实用导向。该教材基本上以唐、宋两朝的诗为主，明代的诗只有几首。唐宋诗中，又以李白、杜甫、王维、孟浩然、苏轼等著名诗人的诗入选较多，很多是当代所熟知的佳作。如：

李白《送友人》：

青山横北郭，白水绕东城。此地一为别，孤蓬万里征。

浮云游子意，落日故人情。挥手自兹去，萧萧班马鸣。

朱熹《观书有感》：

半亩方塘一鉴开，天光云影共徘徊。问渠那得清如许，为有源头活水来。

（二）《神童诗》

《神童诗》全书按内容分类，“劝学”诗 14 首，皆劝人勤学、当官。其他歌颂皇恩帝德，如《状元》《帝都》；描绘四季景物、抒情言志如《春游》《对菊》等计 20 首，尚有卷首诗 28 首，多咏风花雪月。

如《神童诗》首篇为：

天子重英豪，文章教尔曹。万般皆下品，惟有读书高。

少小须勤学，文章可立身，满朝朱紫贵，尽是读书人。

学向勤中得，萤窗万卷书，三冬今足用，谁笑腹空虚？

（三）《唐诗三百首》

与《千家诗》《神童诗》类似，《唐诗三百首》是明确作为“家塾课本”而设的，选篇也以“易记”“易诵”“易解”为要。但更进一步的是，孙洙编选此书期望达到“俾童而习之，白首亦莫能废”，学习者从小就得诗学之正路，从而贯彻终身，这个“正路”一是指内容的方正，二是指诗艺的正大，[①] 意在编造一部真正以丰神情韵见长的蒙学唐诗读本，因而涵盖初唐、盛唐、中唐、晚唐各类体裁、风格，表现出针对初学者广泛学习的指导原则。各体大致以诗人先后时间为序，并将“乐府”一体单列于后。总计选诗 310 首，收录诗人 77 人，分八卷。其中，杜甫 39 首，李白 29 首，王维 29 首，李商隐 24 首，孟浩然 15 首，韦应物 12 首，刘长卿 11 首，杜牧 10 首，王昌龄 8 首，李颀与岑参各 7 首。列 5 首名诗如下。

李白《春思》

燕草如碧丝，秦桑低绿枝。当君怀归日，是妾断肠时。

春风不相识，何事入罗帏？

杜甫《春望》

国破山河在，城春草木深。感时花溅泪，恨别鸟惊心。

烽火连三月，家书抵万金。白头搔更短，浑欲不胜簪。

王维《送别》

---

① （清）蘅塘退士编；赵昌平校译．唐诗三百首全解［M］．上海：复旦大学出版社，2023.

下马饮君酒，问君何所之？君言不得意，归卧南山陲。

但去莫复问，白云无尽时。

韩翃《寒食》

春城无处不飞花，寒食东风御柳斜。日暮汉宫传蜡烛，轻烟散入五侯家。

崔颢《黄鹤楼》

昔人已乘黄鹤去，此地空余黄鹤楼。黄鹤一去不复返，白云千载空悠悠。

晴川历历汉阳树，芳草萋萋鹦鹉洲。日暮乡关何处是？烟波江上使人愁。

三、能臣作文：以《历代名臣奏议》《钦定四书文》为例

《历代名臣奏议》收集了商周至宋元两千余位名臣学士向当朝帝王进言的奏、疏、议对等八千零九条，内容涉及六十六门①，其中宋朝的约占七成。《历代名臣奏议》虽然在史料上只具有辑佚和补阙价值，但是对于士子而言，提供了阐述政治得失、文化军事、典制沿革、用人赏罚、民族关系等内容的范本。

如卷一百七十四记载：

高颎有经国大才，为隋文帝赞成霸业，知国政者二十余载，天下赖以康宁。文帝唯妇言是听，特令摈斥，及为炀帝所杀，刑政由是衰坏。又隋太子勇抚军监国，凡二十年，国亦早有定分。杨素欺主罔上，贼害良善，使父子之道一朝灭于天性，逆乱之源，自此开矣。隋文既淆混嫡庶，竟祸及其身，社稷寻亦覆败。古人云：代乱则谗胜，诚非妄言。朕每防萌杜渐，用绝谗构之端，犹恐心力所不至，或不能觉悟。前史云：猛兽处山林，藜藿为之不采；直臣立朝廷，奸邪为之寝谋。此实朕所望于群公也。魏征曰：礼云：戒慎乎其所不睹，恐惧乎其年不闻。

《钦定四书文》由方苞选编，作为桐城派的代表，在古文与时文方面有较深的造诣，因此该书在定制凡例、选材及评点上具备“以古文为时文”的特点，共梳理了明初到清代300年间四书文的源流正变，其中，明代486篇，清代297篇，并对每篇精要的部分加以评点，是清代士子的一本官定学习八股文的话本，成为各级学校和从事举业的人的必读之书。

如陶望龄的《子问公叔文子全章》，方苞在《钦定四书文》中予以评价：

“点化题面，手法灵绝，更有峭劲之气，游荡其间”②

再如对《子贡问政》的评点：③

“自古岂有足食、足兵、民信之朝，而至于不得已而去兵、去食哉？子贡言其变，而夫子终不以末世苟且之法穷兵食以去信，亦言其理而已。此文前半正说，后半权说，皆得体要，典贵坚厚，又不必言。”

---

① 张晋藩．中华法学大辞典：法律史学卷［M］．北京：中国检察出版社，1999．

② 龚笃清主编．八股文汇编 上［M］．长沙：岳麓书社，2014．

③ 龚笃清主编．八股文汇编 下［M］．长沙：岳麓书社，2014．

四、文豪经典：以《唐宋八大家文钞》《古文观止》《文章辨体》为例

（一）《唐宋八大家文钞》

唐宋“八大家”古文是我国古代散文继先秦之后的黄金时代的代表，在众多选本当中，无论是唐宋选文的广泛性与代表性，还是流传影响的广度与深度，《唐宋八大家文钞》都是首推之作，被视为文人墨客的创作典范。该书选取八大家的散文作品共一百六十四卷，总计1439篇[①]。如卷一首篇为韩愈的《进撰平淮西碑文表》，韩愈作品共有十六卷，卷十七首篇为柳宗元的《与李翰林建书》，柳宗元的作品共有十二卷。[②] 所选的文章为经世致用之作，且以文章技法为突破口，既提高了可读性，也兼顾了科举考试的要求 。[③]

（二）《古文观止》

《古文观止》除少数作品外，大多数作品都是千古传诵的佳作，体裁风格多样，有论说、序跋、奏议、诏令、赠序、箴铭、颂赞、哀祭、辞赋、骈文等。《古文观止》重史记略汉书，以《左传》为重点34篇，《国语》《战国策》《公羊传》《穀梁传》《礼记檀弓》36篇，共70篇，约占总数的三分之一，这是中国历史散文的重点，也可以说是中国散文的源头。唐代以韩、柳为大家，因为他们是古文运动的主将。韩文选24篇，柳文选11篇。宋代以欧阳修、苏轼为重点，欧文选13篇，苏文选17篇。元代未选，明代选方孝孺、王守仁、归有光等人的作品入编。

（三）《文章辨体》

《文章辨体》是明代文体论的集大成之作，提供了关于古文体类及性质流变的知识，并对所录选文内容框定了标准，还强调雅俗之分。吴讷开篇谈到“文辞以体制为先”的观点，提出该书“故今所编，始于古歌谣辞，终于祭文，每类自为一类，各以时世为先后”。其在文体的定义、分类上达到了新的高度，有助于多角度考察古代文章源流、分类与风格，为散文写作提供了详细的参照。[④]

如在论及古诗时，先进行理论阐述，然后对古诗的沿革进行了解读：“诗大序曰：‘诗者，志之所之也。’诗有六义：曰风，曰雅，曰颂，曰赋，曰比，曰兴。《三百篇》尚矣。以汉魏言之，苏李曹刘，实为之首。晋宋以下，世道日变，而诗道亦从而变矣。”然后再分别论述四言诗、五言诗、七言诗的发展流派和风格特征。

---

① 刘洪仁．古代文史名著提要［M］．成都：巴蜀书社，2008．

② 王云五．唐宋八大家文钞［M］．北京：商务印书馆，1936．

③ 孙良同．《唐宋八大家文钞》成书探因［J］．飞天，2011（06）：4—5．

④ 张恩普，任彦智，马晓红．中国散文理论批评史论［M］．长春：东北师范大学出版社，2009．

第五节 关于科学技术的知识：科技与数理文本

明中后期，在启蒙思潮不断涌现、市民文学发展以及大型科技著作引入或汇编的背景下，改编或新增出现了一批有“百科”特征的教材，更多有关科学技术的基础知识被编写进教材，成为明清教材知识体系中的组成部分。

一、天文地理：以《千字文》《三字经》《畴人传》为例

“钦若昊天，敬授民时”，中国古代观测天象，编成历法，使不误农事。[①] 中国历来重视历法，因此在蒙学教材中，天文地理类基础知识也比较常见，如《千字文》开篇文本即是天文知识。

天地玄黄，宇宙洪荒。日月盈昃，辰宿列张。寒来暑往，秋收冬藏。

闰余成岁，律吕调阳。云腾致雨，露结为霜。金生丽水，玉出昆冈。

《三字经》中也有大量科学知识，包括天文、生物两大类，文本如下。

三光者，日月星。三纲者，君臣义。父子亲，夫妇顺。

曰春夏，曰秋冬。此四时，运不穷。曰南北，曰西东。

此四方，应乎中。曰水火，木金土。此五行，本乎数。

地所生，有草木。此植物，遍水陆。有虫鱼，有鸟兽。此动物，能飞走。

除开原有的识字类教材中涉及的天文地理知识，清代阮元主编了《畴人传》，“畴人”即从事天文算学、测量和勘查的人，该书介绍了中国历代天文学家和数学家的生平事迹及其科学研究成果，达 270 余人之多，内容涉及历代的天文历法推算、仪器等资料。如对明安图的描述。

官钦天监监正，受数学于圣祖仁皇帝，故其所学精奥异人。曾预修《御定考成后编》《御定仪象考成》。因西士杜德美用连比例演周径密率，及求正弦、正矢之法，知其深藏，而不可不求甚解，积思三十余年，著《割圜密率捷法》四卷。[②]

二、渔林制造：以《幼学琼林》为例

《幼学琼林》的科学知识较为丰富，包括天文、地理、生物、建筑等类型，具体出处在卷一中的“天文”“地舆”“岁时”部分，卷二中的“身体”“衣服”部分，卷三中的

① 陈遵妫. 中国天文学史 下 [M]. 上海：上海人民出版社，2016.

② 陈久金. 中国少数民族天文学史 [M]. 北京：中国科学技术出版社，2013.

“饮食”“宫室”“器用”“珍宝”部分，卷四中的“制作”“技艺”“鸟兽”“花木”部分。如“地舆”篇中部分文本对北京等多地进行了介绍，具体见表4-11。

表4-11　《幼学琼林》“地舆”篇文本

地名	文本内容
北京	北京原属幽燕，金台是其异号
南京	南京原为建业，金陵又是别名
浙江	浙江是武林之区，原为越国
福建	福建省属闽中
河南	河南在华夏之中，故曰中州
陕西	陕西即长安之地，原为秦境
四川	四川为西蜀
云南	云南为古滇
贵州	贵州省近蛮方，自古名为黔地

再如“制作”篇全文，涉及的事项如表4-12。

表4-12　《幼学琼林》“制作”篇所涉“事项”

事项	文本内容
文字	上古结绳记事，仓颉制字代绳
八卦图	龙马负图，伏羲因画八卦；洛龟呈瑞，大禹因列九畴
历法	历日是神农所为，甲子乃大挠所作
算数与音乐	算数作于隶首，律吕造自伶伦
铠甲、头盔、秤	甲胄舟车，系轩辕之创始；权量衡度，亦轩辕之立规
狩猎、捕鱼	伏羲氏造网罟，教佃渔以赡民用
册籍	唐太宗造册籍，编里甲以税田粮
货物交易	兴贸易，制耒耜，皆由炎帝
琴瑟	造琴瑟，教嫁娶，乃是伏羲
衣裳	冠冕衣裳，至黄帝而始备
养蚕纺丝	桑麻蚕绩，自元妃而始兴
医药	神农尝百草，医药有方
百谷	后稷播百谷，粒食攸赖
烹饪	燧人氏钻木取火，烹饪初兴
宫室	有巢氏构木为巢，宫室始创
钟鼎	夏禹欲通神祇；因铸镛钟于郊庙
庙宇	汉明尊崇佛教，始立寺观于中朝
罗盘	周公作指南车，罗盘是其遗制
浑天仪	钱乐作浑天仪，历家始有所宗
宝塔	育王得疾，因造无量宝塔
长城	秦政防胡，特筑万里长城
官阶	叔孙通制立朝仪，魏曹丕秩序官品
律令	周公独制礼乐，萧何造立律条

续表

事项	文本内容
围棋	尧帝作围棋，以教丹朱
象棋	武王作象棋，以象战斗
科举	文章取士，兴于赵宋
诗赋	应制以诗，起于李唐
戏曲	梨园子弟，乃唐明皇作始
史书	《资治通鉴》，乃司马光所编
纸笔	笔乃蒙恬所造，纸乃蔡伦所为

文本所涉及的“制作”类项目有30余种，讲述了其起源、标准或功能，古代科技知识虽不受重视，但作为一本蒙书，对各类知识予以呈现，在科技普及上是做出了一定的努力的。

三、数理科学：以《九章算术》《数理精蕴》为例

《九章算术》是中国古代最重要的数学著作，多次作为官方颁布的教材使用。全书共9卷，246个算题，按问题性质和解法分为方田、粟米、衰分、少广、商功、均输、盈不足、方程、勾股九章，每一章按解题法分为若干类，解题法则叫“术”，如“方田”中有“方田术”“里田术”“约分术”“合分术”“减分述”“课分述”。①《九章算术》在数学思想方法上“万物皆数”的数学观，把数用于社会各个领域。② 文本内容以算法的形式表述，如：

又有九十一分之四十九。问约之得几何。

答曰：十三分之七。

约分术曰：可半者半之，不可半者，副置分母子之数，以少减多，更相减损，求其等也。以等数约之。

就文本细节而言，每一章分为“问”“答”“术”“注”等不同条目。“问”提出具体的问题，“答”给出具体数量，“术”是列出解这类问题的算法、公式或定理，“注”主要是对“术”原理的解释，方法的拓展，对一些内容的校正补充等。

《数理精蕴》编成于清代后期，分类展现了数理基础、周髀算经、几何原本、代数、算术、几何以及数学器具的知识，且在知识列举上注重实测与验证，被称为初等数学百科全书。如将原有的《几何原本》七卷本分为十二章，内容包括点、线、面、体、各种角度、圆、平行线的定义；三角形定义和定理；四边形；圆及内接、外切多边形；立体几何；量的比例；相似形；勾股定理及相关比例命题；圆锥体、球与椭圆体的表面积和体积；几何作图法等知识与内容。

① 王当发，李德生.《九章算术》新论［J］.贵州文史丛刊，1993（03）：54—56.

② 孙宏安.《九章算术》思想方法的特点［J］.辽宁师范大学学报（自然科学版），1997（04）：25—30.

第五章　明清教材的文本特征

大多数甚至所有的明清教材都是中国传统文化的典藏之作，无论是《五经大全》《孝经》，还是蒙学教材《古文观止》《龙文鞭影》《幼学琼林》，明清教材文本既是教材的载体，也是“史料”的呈现，是以“史料”的身份履行了教材的角色，即部分教材文本等同于史学经典，这种双重角色属性使教材文本本身就是教育目的，是受教育者必须掌握的对象。“教育史学具有展现性、思辨性、应用性和人文性四大功能，分别体现了教育史学的基本价值、本体价值、应然价值和精神价值”，① 从“史”这个角度而言，作为一类“知识”的载体，作为学习资源和工具作用于学习者，明清教材文本有着先天的“史学”式的教育功能与价值，这可能既是明清教材文本的逻辑建构基础，也是明清教材文本与学习者、社会形成特定的价值关系的坚实基础，有待进一步探索与发现。

有研究指出，没有对教材进行价值判断的描述只能称为对教材的认识，不能称为教材评价。作为教材的物化形式，教材文本总是包含着编撰者对教材价值的推断和预见。教材文本是对教材功能与价值进行评价的主要载体，那么如何评价教材文本？评价教材文本务必明确教材文本的特征或属性。教材评价是对教材价值关系的揭示和深层认知，所以教材评价的价值判断有两种形式：基于教材价值客体和评价主体的价值判断。因此，教材文本最突出的价值是教材本体与教材评价主体需要之间的一种价值关系，教材文本的优劣在于评价主体对教材价值的判断，进一步而言，教材文本的价值所指向的是教材与学习者、社会构成的价值关系，教材评价的客体是教材与学生、社会构成的价值关系，这种价值关系才是教材编撰所要聚焦的，即这种价值关系以什么样的呈现形式达成，达成的效能等级如何。由于教材的价值主体主要是学习者、社会和教学，结合对教材评价的元认知，对教材文本的考察不能局限于文本的知识内容与框架特点，或是只停留在知识的真伪与去留之上，而是要全面和深入探讨教材文本与学习者、社会和教学构成的价值关系，即教材文本逻辑所建构出来的教育价值空间，这应该成为教材评价与分析的重要指向。

从教材文本形式或特征来看，与当代任何一本不同阶段或科目的教材文本相比，明清教材文本的语言范式或编撰风格是不同的。这种“不同”，不仅仅是“当代”与“古代”的不同，也不仅仅是“白话文”与“文言文”的不同。对文体的界定是后天赋予的，教材

① 张传燧.《教育史学》的反思与重构［J］. 华东师范大学学报（教育科学版），2001（01）：81－86.

作为教育的文本是否发挥了不同的价值与作用才是关键。作为教材，明清教材文本承载着明清时代编撰者的教育理想与寄托，有了什么样的教育理念，才会选择相应的方式予以呈现，明清教材文本必定典藏了编撰者对学习者的认知判断，并在这种认知判断的指引下，构建了相应的文本特征。基于以上关于教材文本价值的辨析，对明清教材文本特征展开具体分析成为必要，即探究其是否存在“教育性”的特征，这可能会成为明清教材的一种独特标识。明清教材文本分别与明清时代的学习者、社会建构了怎样的价值关系？明清教材文本在多大程度上满足了教材主体的需要？呈现了怎样的效果和反馈？这可以为当代教材文本如何建构教育性，以及需要从哪些角度来建构提供反思与借鉴，而这些隐匿的教育逻辑，也许就是当代教材建设与本土化创新的密钥。

第一节　丰富展现：基于生活应用的百科读物

从具体的内容来看，明清教材文本的素材是丰富而广袤的，且这种“丰富”不仅仅指文本素材的百科式的丰富，更指向了文本在展现过程中为保持“鲜活”或“生动”，而表现出来的“丰富”。这种“丰富”不是陈列式的告知或显现，而是辅之以文，贯之以道，每一类知识的文本呈现都伴随了相应的途径或范式，这些“丰富”使文本始终围绕着学习者的生活，指向学习者的日常应用与具体实践，向学习者展示了一个丰富而生动的真实世界，从而有利于个体走向整全的生活。

一、凭借丰富性走向整全的生活

在明清教材体系中，蒙学教材文本的“丰富性”特别突出。以《幼学琼林》为例。作为一本启蒙教材，《幼学琼林》最大程度展现了各类知识，素材极其丰富，以期达成“启蒙”，具体内容可见四卷文本中的类目，见表5-1。首先是类型的丰富，涉及天文地理、神话传说、婚丧嫁娶、人情世故、生老病死、衣食住行、制作技艺、鸟兽花木、风俗礼仪，几乎无所不包，无论是在识字、习文方面，还是在行为规范、理想价值等方面都给予了儿童基础性的规诫与引导，为教育引导和文化传承的有效融合提供了宽广的知识空间。

表5-1　《幼学琼林》篇目明细表

卷目	篇目	篇数
第一卷	天文、地舆、岁时、朝廷、文臣、武职	6篇
第二卷	祖孙父子、兄弟、夫妇、叔侄、师生、朋友宾主、婚姻、女子、外戚、老幼寿诞、身体、衣服	12篇
第三卷	人事、饮食、宫室、器用、珍宝、贫富、疾病死丧	7篇
第四卷	文事、科第、制作、技艺、讼狱、释道鬼神、鸟兽、花木	8篇

其次是每一类的“丰富”。在《幼学琼林》各卷中，介绍具体内容时并不局限于基本知识点，“文以载道”式的文本呈现模式给予了知识“丰富”的架构与内涵，且这种“丰富”是鲜活而生动的，以“器用”篇文本为例，具体见表5-2。

表5-2 《幼学琼林》“器用”篇文本素材

“器具”文本	器具
管城子、中书君，悉为笔号	毛笔
石虚中、即墨侯，皆为砚称	砚台
墨为松使者，纸号楮先生	墨、纸
纸曰剡藤，又曰玉版；墨曰陈玄，又曰龙脐	墨、纸
共笔砚，同窗之谓；付衣钵，传道之称	笔砚、袈裟、钵盂
剑有干将镆铘之名，扇有仁风便面之号	干将宝剑、镆铘宝剑
何谓箑，亦扇之名；何谓籁，有声之谓	扇子、籁（声音）
小舟名蚱蜢，巨舰曰艨艟	小船、战船（牛皮包裹）
金根是皇后之车，菱花乃妇人之镜	金根、菱花（镜子）
银凿落原是酒器，玉参差乃是箫名	酒杯、箫
刻舟求剑，固而不通；胶柱鼓瑟，拘而不化	剑、瑟、柱（调节声音）
斗筲言其器小，梁栋谓是大材	斗、筲、房屋大梁
铅刀无一割之利，强弓有六石之名	铅刀、强弓
杖以鸠名，因鸠喉之不噎	手杖
钥同鱼样，取鱼目之常醒	钥匙

如：“墨为松使者，纸号楮先生”“刻舟求剑，固而不通；胶柱鼓瑟，拘而不化”“斗筲言其器小，梁栋谓是大材”，这些文本介绍的虽然是“器”，但都赋予“器”独特的内涵与意义，“器”并不只是“器”，每件“器”上都承载着独特的故事与深刻的义理，这样的教材文本能通过与“器”有关的文本帮助学习者在潜移默化中涵养精神与人格，不仅构建了对世界丰富的理解，而且也促成其转向对现实生活的积极关注与主动实践。

再以《声律启蒙》为例。《声律启蒙》以韵部为篇章，其显现的功能是为儿童的诗词作文训练，但涉及了繁多的各类素材，每个篇章的文本内容类型丰富，展示了多学科的常识。这些常识涉及儿童生活的日常，且不止于日常浅层次的见闻，而是帮助儿童增进了对知识的科学解读，并扩展到了对人生的理解和顿悟上来。如“一东”文本。

云对雨，雪对风，晚照对晴空。

来鸿对去燕，宿鸟对鸣虫。

三尺剑，六钧弓，岭北对江东。

人间清暑殿，天上广寒宫。

两岸晓烟杨柳绿，一园春雨杏花红。

两鬓风霜，途次早行之客。

一蓑烟雨，溪边晚钓之翁。

其中涉及的知识类别如表 5-3 所示：

表 5-3 《声律启蒙》"一东"文本解析

类别	内容	数量
天文	云、雨、雪、风、晚、晴、天、暑、寒、春、霜	11
地理	岭北、江东、岸、园	4
数值	一、两、三、六	4
动植物	杨柳、杏花、鸿（雁）、宿鸟、虫、燕	6
器用	剑、弓、尺、钓	4
建筑	殿、宫	2
人物	客、翁	2

教材文本中的"来鸿"与"去燕"隐含了季节更迭的自然现象；"三尺剑""六钧弓"展现了剑与弓的具体模型；"清暑殿"与"广寒宫"富于神话和梦幻色彩；而对于"客"和"翁"的描述更是道出了人生百态，勾画出了鲜活的人物特征。

明清其他蒙学教材文本也具备"丰富"的特点，且这种"丰富"是广义的。总体来看，一是百科全书式的"丰富"。如果根据小学课程分类，明清蒙学系列教材文本可以跨越现代小学阶段的所有课程——语文、数学、美术、音乐、道德与法制、科学、体育与健康等课程，具体文本例文见表 5-4。

表 5-4 明清蒙学教材文本所涉及现代学科的样例

现代课程	文本样例	教材名称
语文	赵钱孙李，周吴郑王	《百家姓》
数学	一而十，十而百。百而千，千而万	《三字经》
美术	观山对玩水，绿竹对苍松	《声律启蒙》
科学	铅刀无一割之利，强弓有六石之名	《幼学琼林》
音乐	歌对舞，德对恩，犬马对鸡豚	《声律启蒙》
道德法制	兄道友，弟道恭。兄弟睦，孝在中	《弟子规》

二是具体内容的"丰富"。虽为蒙学教材，但内容是具体而详尽的。以"历史"为例。《三字经》以"自羲农，至黄帝"为始，介绍了所有的朝代；《龙文鞭影》《幼学琼林》介绍的历史事件及人物达两千以上；《百家姓》对姓氏的介绍不证自明，详细收集了所有姓氏。即使是比较难以理解的地理、政治、科学、天文、建筑等其他知识，也都较为详尽，最大程度地呈现了明清时代的科技常识。以《幼学琼林》中"宫室"为例，是穷尽了所有"宫室"的，其文本及所代表的部分"宫室"类型如表 5-5。

表 5-5　《幼学琼林》“宫室”类型

宫室类型	文本
穴	洪荒之世，野处穴居
巢	有巢以后，上栋下宇
宫室根基	竹苞松茂，谓制度之得宜
华丽宫室	鸟革翚飞，调创造之尽善
皇宫、宫门	朝廷曰紫宸，禁门曰青琐
三公官署厅门	宰相职掌丝纶，内居黄阁
宫殿红台阶	百官具陈章疏，敷奏丹墀
翰林院	木天署，学士所居。金马玉堂，翰林院宇
中书省办公场所	紫微省，中书所莅。柏台乌府，御史衙门
藩同、按察司衙门	布政司称为藩府，按察司系是臬司
县衙门	潘岳种桃于满县，故称花县；子贱鸣琴于治邑，故曰琴堂
官家大院	潭府是仕宦之家
简陋的房屋	衡门乃隐逸之宅
门前祥云	贺人有喜，曰门阑蔼瑞
草荆之门	谢人过访，曰蓬荜生辉
高大房屋	美轮美奂，礼称屋宇之高华
房屋营造与落成	土木方兴曰经始；创造已毕曰落成
新居建成、蜗庐	恭贺屋成曰燕贺，自谦屋小曰蜗庐
闾阎、阀阅	民家名曰闾阎，贵族称为阀阅
贵族富豪之家、平民之居	朱门乃富豪之第，白屋是布衣之家
旅馆、邮亭	客舍曰逆旅，馆驿曰邮亭
书斋、观楼	书室曰芸窗，朝廷曰魏阙

如表 5-5 所示，该篇所介绍的“宫室”及相关建筑近 30 种，且对各类宫室的用途、规格、别称等内容娓娓道来，让儿童对建筑的理解不仅仅停留在形状和规模的观察上，而是面向了真实而复杂的生活场景。

官学教材文本也呈现了“丰富”的特征，且集中反映了内容的“丰富”。如经义类教材文本以“五经大全（《周易大全》《书传大全》《诗经大全》《礼记大全》《春秋大全》）”“四书大全（《大学章句》《大学或问》《中庸章句》《中庸或问》《孟子集注大全》《论语集注大全》）”《性理大全》为主，而后来的《十三经注疏》囊括了所有经义类经典著作；《诗经大全》文本中的自然名物和人工名物更是穷尽所有，草木鸟兽虫鱼、山川风雨、江河湖泽、日月星辰、服饰饮食、车旗、乐器等尽在其中[①]，《诗经大全》的原版被后人称为周代的百科全书。从各类名物的数量上看：自然名物中的植物有143种，包括草类85种，木类58种；动物约109种，其中兽类26种，鱼类15种，虫类33种等。人工名物中的乐器类约29种，建筑类84种，服饰类共约90种，日常器物类60种，舟车类55种。《诗经大全》名物的丰富性不仅表现在数量上，还表现在对名物的多侧面描写上。《孔子诗论》说，邦风其纳物也，指的就是其中包容的丰富的名物。[②] 应该说这些“丰富”，不只是华丽辞藻堆砌，而是以诗的言说方式面向了吟诵者的生活空间，从而使吟诵者在触及“丰富”的过程中积极地面向了整全的生活。律政类、礼制类教材文本也均条例详尽，告诫类、文体类文本更是海量存在。

二、凭借丰富性走向生动的实践

在明清教材中，不管是什么类别的教材文本，都包含着生动的“实践”内容，即直接明示或规范什么样的行为是值得去做的，什么样的行为朝向哪个标准可得到有效调节，什么样的行为是违背了道德和法律，什么样的行为是在维护现有的规章制度。通过诵读或识记这些文本，能将自身的具体行为明确地置于不同的社会场域之中，既精准学习了日常交往礼仪，也知晓了道德伦理，习得了走向社会生活的基本功。

最能体现这类文本特征的，莫过于蒙学教材《弟子规》。《弟子规》文本分为五个部分，具体列举出了为人子在家庭、社会应如何待人接物，在外求学的礼仪与规范，是家庭教育与社会教育的范本。其他蒙学教材中也不乏如此。如《太公家教》文本：

得人一牛，还人一马，往而不来，非成礼也。

其父出行，子须从后；路逢尊者，齐脚敛手；尊人之前，不得唾地；尊人赐酒，必须拜寿；尊人赐肉，骨不与狗；尊者赐果，怀核在手，苦也弃之，为礼大丑。对客之前，不得垂涕，亦不漱口。

“往而不来，非成礼也”用常见的“牛”与“马”来诠释，出门在外的待人接物与日常生活也具体化到“敛手”“唾地”“拜寿”“赐肉”“赐果”“怀核”“垂涕”“漱口”“耕”“织”“种瓜”等内容。从文本编撰的角度而言，此类文本没有道德的明示或抽象的要求，如在尊敬长辈方面，采取了具体的行为示范诠释了儿童如何才能做到尊敬长辈，这样的文本范式不仅给学习者提供了具体明确的行为规范，而且扩展了学习者对真实的社会场景与内容的理解，并逐步形成相应的伦理观念，从而促成了学习者在现实社会中如何行走与生活。

诗歌类教材文本也具备这样的特征。如《千家诗》中收录的范成大的诗《田家》：

昼出耘田夜绩麻，村庄儿女各当家。童孙未解供耕织，也傍桑阴学种瓜。

---

① 吕华亮.《诗经》名物的文学价值研究［M］.合肥：安徽大学出版社，2010.

② 吕华亮.《诗经》名物的文学价值研究［M］.合肥：安徽大学出版社，2010.

杨万里的《闲居初夏午睡起》：

梅子留酸软齿牙，芭蕉分绿与窗纱。日长睡起无情思，闲看儿童捉柳花。

这两首诗蕴含着丰富的生活日常，诗词吟诵之间能让儿童进入到成人的生活世界，实现对具体生活实践的观察与理解，从而得到了日常生活的具体样本与指导思想，如耕种、织麻、种瓜、桑树之下、捕捉柳絮、芭蕉、梅子、齿牙。儿童接触了这样的文本，有助于深化对自然与社会的理解与实践。即使直接拿来作为当代教材文本，这样的诗词文本阅读也具有生活与劳动教育启蒙价值。

不仅如此，简短文本的字里行间具有延展的属性，能借助文本提示或线索展开更多具体的生活实践内容，以《千家诗》中已被收录到现代《语文》教材的名作《清明》为例：

清明时节雨纷纷，路上行人欲断魂。借问酒家何处有，牧童遥指杏花村。

这28字的文本，是以"牧童"的视野展现了清明节期间的人间生活图景。学习者根据文本可以想象：牧童骑着牛儿，或是在草丛扒找鸣虫，或是看到鸟儿从头顶掠过，然而看到了三三两两的父母叔辈，在修缮祖坟，插香祭拜，有人悲戚，有人在喃喃细语。在蒙学阶段，不管是什么样的儿童吟诵这首诗，都能将他的想象与他曾经体验过的清明节祭祖的生活场景联系起来，并成为富有意味的记忆，在他的记忆图景中，将定格很多与清明节相关的行为与实践，从而内在习得了传统的清明节文化与礼仪习俗。这类的诗还有很多，如白玉蟾的《早春》、卢梅坡的《雪梅》、杜荀鹤的《时世行》。总之《千家诗》收录的大多数诗文都蕴含着具体的实践行为，且重在对儿童实践行为的拓展与丰富。

再看官学教材。《皇明祖训》除开首章，持守、严祭祀、谨出入、慎国政、礼仪、法律、内令、内官、职制、兵卫、营缮、供用十二章都明确了要求与规范。如"礼仪"中的文本，展现了礼制的极大"丰富"：

凡王国宫城外，立宗庙、社稷等坛。

宗庙（立于王宫门左，与朝廷太庙位置同）

社稷（立于王宫门右，与朝廷太社位置同）

风、云、雷、雨、山川神坛（立于社稷坛西）

旗纛庙（立于风云雷雨山川坛西，司旗者致祭）

凡祭五祀（用豕一，祝帛、香、烛、酒、果）：

司户之神（于宫门左设香案，正月初四日，门官致祭）

司灶之神（于厨舍设香案，四月初一日，典膳官致祭）

再以《说苑》为例。《说苑》属于分门别类的叙事体例，但保持了叙事的完整性和曲折性，也展现了具体的言行，也是属于"丰富"的。如卷一"君道"，文本不仅具体阐述了作为君王应该懂得的治国治民的道理、原则、方法，还明示了个人应有的操守和德行。此卷共记夏、商、周至春秋战国时期君王为政轶事共四十六则，涉及晋平公、齐宣王、成王、陈灵公、鲁哀公、献王、周公旦、商汤、齐桓公等多位君主及诸侯的言行，集中说明了为人君者如何重教化省法事、任贤去谄、居安思危、善纳谏、严责己、专赏罚、修文武，如此方能治国安邦，成为一代明主。反之，则会家败国灭而祸患及其身[①]。

明清大部分教材文本都遵循了“丰富”的实践原则，即使是在《论语集注大全》这样的经典文本中也是如此。如《论语集注大全》中关于“孝”的文本达19处，其中大部分包含着如何实践“孝”的内容，如表5-6。

表5-6 《论语集注大全》中关于“孝”的文本

序号	“孝”文本	章节
1	有子曰：“其为人也孝弟，而好犯上者，鲜矣……”	学而第一（2）
2	孝弟也者，其为仁之本与！	学而第一（2）
3	子曰：“弟子入则孝，出则弟……”	学而第一（6）
4	子夏曰：“……事父母，能竭其力……虽曰未学，吾必谓之学矣。”	学而第一（7）
5	曾子曰：“慎终，追远，民德归厚矣。”	学而第一（9）
6	子曰：“父在，观其志；父没，观其行；三年无改于父之道，可谓孝矣。”	学而第一（11）
7	孟懿子问孝。子曰：“无违。”	为政第二（5）
8	子曰：“生，事之以礼；死，葬之以礼，祭之以礼。”	为政第二（5）
9	孟武伯问孝。子曰：“父母唯其疾之忧。”	为政第二（6）
10	子游问孝。子曰：“今之孝者，是谓能养。至于犬马，皆能有养；不敬，何以别乎？”	为政第二（7）
11	子夏问孝。子曰：“色难。有事，弟子服其劳；有酒食，先生馔，曾是以为孝乎？”	为政第二（8）
12	子曰：“事父母几谏，见志不从，又敬不违，劳而不怨。”	里仁第四（18）
13	子曰：“父母在，不远游，游必有方。”	里仁第四（19）
14	子曰：“父母之年，不可不知也。一则以喜，一则以惧。”	里仁第四（21）
15	子曰：“吾见其居于位也，见其与先生并行也。非求益者也，欲速成者也。”	宪问第十四（47）
16	子曰：“食夫稻，衣夫锦，于女安乎？……予也有三年之爱于其父母乎？”	阳货第十七（21）
17	长幼之节，不可废也	微子第十八（7）
18	子游曰：“丧致乎哀而止。”	子张第十九（14）
19	曾子曰：“吾闻诸夫子：人未有自致者，必也亲丧乎。”	子张第十九（17）

从如何让“孝”的教育落实到实践行为而言，《论语集注大全》文本的丰富性在于实现了与日常生活的紧密连接，提供了生活的“认知”与“实践”相结合的版图。从儿时的言行到成年后的成家立业、建功致仕，都明确了“孝”的存在方式与实践意义。这些

① （汉）刘向著，王瑛，王天海译注. 说苑全译［M］. 贵州：贵州人民出版社，1992.

“孝”文本指向日常生活——问候、用餐、教导、娱乐、睡觉、生病、行走、居住等，这些内容都有“礼”的特征，“礼”即是“孝”，一个人只有施行了“礼”，才有了行“孝”的根本，也才有了为人的根本。在这样的文本情境之中，将日常的学习生活实践与要求上升成为抽象的表现方式与实施准则，这些习得的理念并不是空洞的，而是基于具体的学习生活指导，促使学习者从文本知会中走向为人处世的美德，理想的行为就这样被塑造了出来。更进一步的是，这些具体的行为既是常态，也可纠偏，理想的要求既是基本性的，也是可不断优化的。总之，教材文本触及个体成长的日常生活，或成为个体成长的日常标准，甚至发展成为一种应有的生活方式。

三、凭借丰富性走向意义的生成

在意义哲学看来，“意义”至少包括三个层面的含义：在事实世界指向“是什么”的事实问题，在实践世界指向“应当成为什么”的实践问题，在价值世界指向“意味着什么”的价值问题[①]。事实、实践、价值三者的交汇融合进而产生了“意义”。根据意义哲学的观点，凭借“丰富”这个特征，明清教材文本最终能导向价值世界，指向预期的“意味”。因为“丰富”，所以能在宽厚的“是什么”的基础上，明确了应该“成为什么”的具体实践，并最终依靠独特的文本特征让学习者形成对教材的独特体验或意义，理解了身处的世界是什么样的世界、什么是有价值的、如何行走在这个世界里等关键问题，从而生成了相应的价值观念。

部分明清教材其实就是中国哲学著作群像，如《四书集注大全》。冯友兰先生曾指出，中国哲学家表达思想时，表面看来似乎不相连贯，且十分简短，这是因为按照中国的传统，学习哲学不是一个专门的专业，读哲学是为了使人得以成为人，而不是为了成为某种特殊的人。[②] 从这一点而言，明清教材不只是为了让学习者学习到具体的知识，而是在具体的知识学习与实践之中成为什么样的人，即成为一个具有相应的价值观念的人。在教材的经义类文本中，惯用格言、警句、比喻、事例等形式表述思想，其中所含的暗示无限。富于暗示是中国艺术所追求的目标。一个慧心的读者，读诗时能从诗句之外去会意，读书时能从字里行间去会意，这是中国艺术所追求的情趣，同样成为中国哲学家表述思想时的风格。官学经义类教材与当下的专著做比较时，可能是简短的，但这种隐喻式的语言风格丰富了学习者对文本的理解，并由此生成了深刻的意义。有研究曾指出，如果把《老子》书中的概念列举出来，可能用上五十万字，且永不可替代《老子》的原著[③]。

---

① 杨国荣. 成己与成物——意义世界的生成［M］. 北京：北京大学出版社，2011.

② 冯友兰. 中国哲学简史［M］. 赵复三，译. 北京：生活·读书·新知三联书店，2009.

③ 冯友兰. 中国哲学简史［M］. 赵复三，译. 北京：生活·读书·新知三联书店，2009.

蒙学教材也凭借“丰富”这个特性走向了“意义”的生成。以蒙学教材《日记故事》为例。《日记故事》明嘉靖版本用插图来说明故事，是世界上第一个有插图的儿童读物。该书不仅适应儿童的特点，生动直观，易产生乐趣，且有些内容对儿童很有启发，富有意义。如劝学类，记有孟母“断机”，倪宽带书而耕，匡衡凿壁偷光，高凤护鸡诵读，江泌随月读书，李密乘牛读书，孙康映雪读书，司马温公手不释卷，还有“囊萤照读”，均属于启发蒙童刻苦勤学的读书故事，这些故事使蒙童读了以后，能知文义妙，而且是“其效法之”。虽然，鲁迅先生曾指出，这些故事，作为闲谈来听听是不算很坏的，但万一有谁相信了，照办了，那就会成为乳臭未干的堂吉诃德；但其文本是“丰富”的，且在此“丰富”的基础上促成了教育意义的生成，这值得当代予以重新审视与借鉴。若要讲到如何“勤学”，当今的教材文本不仅缺失了如此多丰富的素材或者素材相当有限，而且也去掉了这些素材中完整而曲折的情节，甚至在转接的过程中，也只留下了比较抽象的劝辞，被剥离掉了丰富的内容与素材，因而在生成意义这个维度上打了折扣。

蒙学教材除开正面谈“勤学”，即使是在呈现其他知识时，也注重了如何在“丰富”的基础上促进意义的生成。如在《幼学琼林》的“珍宝”篇：

黄金生于丽水，白银出自朱提。

曰孔方，曰家兄，俱为钱号；曰青蚨，曰鹅眼，亦是钱名。

可贵者，明月夜光之珠，可珍者，璠玙琬琰之玉。

惠王之珠，光能照乘；和氏之璧，价重连城。

之后列举相关的成语典故，指出有形的珍宝尽管美好，却不如无形的珍宝，比如品格、道德、朋友可贵。如：

贤乃国家之宝，儒为席上之珍。

汉杨震畏四知而辞金，唐太宗因惩贪而赐绢。

王者聘贤，束帛加璧；真儒抱道，怀瑾握瑜。

凭借丰富的文本促成“意义”，诗文类经典教材《千家诗》也是典型之作。作为明清两代流传极广、影响深远的儿童普及读物兼教材，《千家诗》以四季节令为序，渗透人们的生活，成为日常娱乐的一部分，诗意的生活呈现在字里行间，如《千家诗》收录的关于“春天”的六首诗：

程颢的《春日偶成》

云淡风轻近午天，傍花随柳过前川。

时人不识余心乐，将谓偷闲学少年。

朱熹的《春日》

胜日寻芳泗水滨，无边光景一时新。

等闲识得东风面，万紫千红总是春。

杨巨源的《城东早春》

诗家清景在新春，绿柳才黄半未匀。

若待上林花似锦，出门俱是看花人。

王安石的《春夜》

金炉香烬漏声残，剪剪轻风阵阵寒。

春色恼人眠不得，月移花影上栏杆。

韩愈的《初春小雨》

天街小雨润如酥，草色遥看近却无。

最是一年春好处，绝胜烟柳满皇都。

苏轼的《春宵》

春宵一刻值千金，花有清香月有阴。

歌管楼台声细细，秋千院落夜沉沉。

这六首关于春天的诗，同是春夜，却各有千秋；同是春色，但春意迥异。春天景色宜人，但春天对于吟诵者而言绝不只是以色撩人，这六首诗能让儿童在吟诵春天之际，或能借此在现实里感受春的诗意存在，或借此形成对春与人生关系的丰富理解，也打开了天地人世万物的丰富世界。

第二节　朴素说理：基于百家之言的启蒙与建构

教材文本构筑了两个意义世界：一是教材中公开的、明示的、语言文字本身直接表达的字面意思，即表层的意义世界；二是教材语言背后所内隐的、镶嵌或附着在文字背后的深层意义世界，它借助“隐喻”和“论述”在持续构建广袤的“意义场①”。纵观明清教材文本，文本编撰者是以朴素说理方式建构了其意义场，其文本指向迎合了学习者对世界和社会的惊奇、探究与理解，对教材文本如何组织有着相应的逻辑。其中，明清蒙学教材文本以律对、短语、儿歌为形式，官学教材文本则以述说、论证为主，这说明蒙学和官学教材文本有着不同的编撰特点，存在着对学习者认知与心理的区别性判断——蒙学文本侧重于识字与生活准则，且在人文的“蒙”上一以贯之，既“开”也“蒙”；官学文本则侧重于引申与阐释，隐藏着社会教化功能与内省思辨。教材文本是在遵循个体发展阶段性原则的基础上，对照蒙童与成人的认知逻辑，讲究了建构与生成。儿童行为是基于日常生活点滴而成规范，符合社会期望的行为自然形成，成人学习者的知识逐步发展为人生价值的主要支柱。蒙学与官学文本的差异性表明，明清教材文本对受教育者的判断不仅具有阶段性的特点，更具有建构性的特征，这是一种基于个体心理成长的内容布局范式，是基于“丰富”的百家之言的启蒙与建构。

① 刘丽群. 从语言到话语：教科书文本分析的话语转向 [J]. 教育学术月刊，2014 (06)：90—95.

一、错落有致——基于个体心理成长的内容布局

关于如何有效的阅读与学习，我国古代教育家们是有所主张的。《后汉书》的作者范晔曾主张“以意为主，以文传意”。这种主张，也可能更早，但到了明清又有所发展。明人吕刊说：初入社学，八岁以下者，先读《三字经》，以习见闻；《百家姓》，以便日用；《千字文》，以明义理。清人王筠说：蒙养之时，识字为先，不必遽读书。先取象形、指事之纯体教之。识“日”“月”字，即以天上日、月告之；识“上”“下”字，即以在上在下之物告之，乃为切实。纯体既识，乃教以合体字。又须先易讲者，而后及难讲者。……能识二千字，乃可读书。这些理念也充分体现在明清教材文本之间。

从基础的《三字经》《弟子规》《百家姓》来看，教材文本是向处于封建社会的儿童展示了这个世界的雏形立体图。以《百家姓》文本为例，其采用四言体例，对姓氏进行了排列，虽然押韵但是内容没有文理，却是古代广为流传的儿童启蒙读物。清朝有一首诗如此描述儿童学习《百家姓》的情景[①]：

一群乌鸦噪晚风，诸生齐放好喉咙。赵钱孙李周吴郑，天地玄黄宇宙洪。

学《百家姓》时，儿童们首先能从中找到自己、同窗、老师的姓，有很强的亲切感，且讲了字音后不必多讲字义和道理，可以自由发挥，讲一些相关的历史名人故事[②]。这些没有文理的姓氏是中国文化的底色——儿童开蒙，从姓氏开始。每个姓氏的背后，都蕴含着一段历史、一种文化或一类标识。明朝王相曾作《百家姓考略》[③]，可视为明清时代的先生教《百家姓》的辅助资料，如赵、周、吴：

赵：角音。天水郡。伯益裔孙，造父事周穆王，以功封于赵城，子孙因氏焉。其后叔带仕晋，至赵夙，世为晋卿。传赵籍，始灭晋为诸侯。汉有赵广汉，为京兆尹，宋太祖之远祖。

周：角音。汝南郡，系出姬姓。周平王少子烈之后，以国为氏。周有周任，战国有周霄。

吴：羽音。延陵郡，系出姬姓。武王封太伯弟仲雍曾孙于吴，其后子孙以国为氏，战国有吴起，汉有吴芮，世为长沙王。

可以推测，《百家姓》文本在当时的社会文化背景下，能给予属于儿童个体家庭历史或家族认同的起点，开启了对家族以及国家历史的初理解。没有文理的姓氏文本在中国姓氏文化的传承、中国文字的认识等方面都起了巨大作用，这也是《百家姓》能够流传千百年的一个重要因素。

《三字经》文本所负载的信息实质是向儿童展示了人生如何实践的任务书，也是基于个体心理成长的序列。要学习儒家伦理与纲常，要知晓天文地理、历史更迭，要勤学、知

① 南怀瑾. 原本大学微言［M］. 上海：复旦大学出版社，2017.

② 胡真. 百家姓［M］. 上海：上海古籍出版社，2014.

③ 王应麟等编撰；黄秉泽校注. 三字经 百家姓 千字文［M］. 济南：齐鲁书社，1998.

礼、读书、仁孝。在一千字左右的文本里，明示了要学什么、如何学、学到什么程度，从而令儿童在吟诵之间认识了社会。《弟子规》文本也呈现《三字经》文本的特点，且在某些方向更精准和细化。

再看名物类教材《幼学琼林》中的“文事”篇文本，其文本内容布局如表5-7所示。

表5-7　《幼学琼林》“文事”篇内容布局

类别	内容
文人	三皇五帝、二戴、二毛、孔子、李白、司马迁、班固、元稹、白居易、晁错、王仁裕、秦始皇、唐太宗、杜甫、钟繇、王羲之、袁宏、吕蒙、达摩、曹植、李贺、宋太宗、霍光、刘向、赵匡胤、太乙、江淹、扬雄、李守素、虞世南、韩愈、程颢、郑綮、薛收、刘禹锡、黄庭坚、张芝、崔瑗、谢安、陆机、孙绰
别名	多才之士、博学之儒、才高、诗工、骚客、才短、浮薄、学肤、无道、好文、邺架、书淫
典籍	三坟、五典、八索、九丘、尚书、周易、春秋、礼记、诗经
类型	经义类（竹素、芸编）、黄卷、雁帛、鸾笺、词、赋、诗、书法、歌、考卷、书稿、白雪、阳春
作品描叙	锦心绣口、铁画银钩、雕虫小技、倚马可待、五楼凤手、七步奇才、惊神泣鬼、遏云绕梁、涉猎不精、连篇累牍、文不加点、机杼一家、推敲、月露风云、兰台石室、花样不同、潦草塞责、异端、左道、染翰操觚、执经问难、挥如椽笔、大方之家、洛阳纸贵、明镜不疲、开卷有益、不学无术、梦笔生花、文思大进、梦吐白凤、辞赋愈奇、人物志、行秘书、青钱万选、茹古含今、咀英嚼华、文望尊隆、涵养纯粹、泰山北斗、良玉精金、参明不谬、考证无讹、长蛇生马、硬弩枯藤、言言委曲、字字森严、咳唾成篇、碎金、积玉、片笺片玉、一字一缣

该篇章共950余字，文本包括文人姓名、轶事、文人别名、典籍、文学类型、作品特点等内容。从中可以发现，“文事”篇不仅是介绍文人的名字、代表作品，而是把更多的内容指向了对文学类作品的生动描述，且融入了很多对文人的别称。文中所提的典籍并不多，但对“文事”类具体的特点予以呈现或给予了强调，这些二至四字的总结，道出了文学作品的精义所在。可以推测，这样的内容布局可以帮助儿童形成对“文事”多层次的理解，如了解基本的文学常识、形成文人的初步印象、知晓或熟记文学类的通俗别名、走近文学的精妙之处。这些文本琅琅上口，语言通俗，用并不华丽的言词向孩童展示了一张生动鲜活的“文事”图，这张图犹如动漫电影《哪吒》中的五彩笔（五彩笔的创作灵感也许就来自其中的“梦笔生花”），将儿童带入了一个真实的文学世界，可近可远，可观可言，可想象可问询。有些词句非常生动，如“萤辉竹素，蠹走芸编”，展示了一个细腻的故事

图景。

在某一个夏天的日子里，天渐渐暗淡了下来，晋人车胤在门前树丛里捉了十来只萤火虫，用麻布小袋装着，绑上绳索挂在石墙上，简陋的屋子顿时有了一些亮光。借着这个光亮，他打开了书继续诵读，书中散发出淡淡的清香，一只小虫子悄悄地从书页中跌落。

还有如“茹古含今，皆言学博；咀英嚼华，总曰文新”，“茹”“含”“咀”“嚼”这几个字，将抽象的文学评论与日常的口齿动作巧妙地结合了起来，类似的还如：

李白才高，咳唾随风生珠玉；孙绰词丽，诗赋掷地作金声。

江淹梦笔生花，文思大进；扬雄梦吐白凤，词赋愈奇。

雕虫小技，自谦文学之卑；倚马可待，羡人作文之速。

相比蒙学教材，官学教材文本则形成了一个比较系统的知识体系，从价值观到方法论，从法律规章到伦理道德，从为人处世到治国领军之道，从日常文书到诗词诗赋，在当时的社会背景下已整合了所有的“知识”，其知识的呈现是议论式的，内容的布局也符合个体认知发展逻辑。

以《李卫公问对》为例。《李卫公问对》的文本是唐太宗李世民与李靖讨论军事问题的言论辑录。其中，上卷用40篇问答论述兵法中“奇正”的关系和运用，结合战例着重论述了“无处不用正，无处不用奇”“正能胜，奇亦能胜”“奇正相交，循环无穷”的道理。一问一答之间，其义自见。如中卷第一问答文本：

太宗曰：“朕观诸兵书，无出孙武。孙武十三篇，无出虚实。夫用兵识虚实之势，则无不胜焉。今诸将中，但能言备实击虚，及其临敌，则鲜识虚实者，盖不能致人，而反为敌所致故也。如何？卿悉为诸将言其要。”

靖曰：“先教之以奇正相变之术，然后语之以虚实之形可也。诸将多不知以奇为正，以正为奇，且安识虚是实，实是虚哉？”

太宗曰：“‘策之而知得失之计，作之而知动静之理，形之而知死生之地，角之而知有余不足之处。’此则奇正在我，虚实在敌欤？”

靖曰：“奇正者，所以致敌之虚实也。敌实，则我必以正；敌虚，则我必以奇。苟将不知奇正，则虽知敌虚实，安能致之哉？臣奉诏，但教诸将以奇正，然后虚实自知焉。”

有研究者指出此书是托名而作，如属实，其实“托名”亦为编撰者的智慧。全文以帝王与名将之间的对话，且以议论的形式铺展开来，学习者可以增进自学效果。事实上，官学教材都可以通过自学而得。从当时的社会背景来看，文本数量宏大，具体教学活动也以下发任务或限定课程类型为主，老师只是负责答疑或提问。在这种情况下，作为教材的文本是属于学习者自学的全部资料，学习者在学习的过程中，要经过生疏、记忆、理解、运用、再次理解、运用的过程。在当时的教育背景下：礼制类文本能结合日常规矩习得；法制类文本以背诵记忆为主，因与其性命和身份尤其相关；经义类、训诫类、军事类文本则靠个人的理解而成。由于前期有了蒙学文本的基础——蒙学文本不仅形成对抽象类文本的基础，也对经义类文本形成了许多待解决的问题——议论式的文本有助于学习者形成深刻而广袤的理解，且这种理解是开放型的，将根据个人的经验形成个体独特的意义。

再以《中庸》第四章文本为例：

所谓诚其意者，毋自欺也。如恶恶臭，如好好色，此之谓自谦。故君子必慎其独也。小人闲居为不善，无所不至，见君子而后厌然。

掩其不善，而著其善。人之视己，如见其肺肝然，则何益矣？此谓诚于中，形于外，故君子必慎其独也。

曾子曰："十目所视，十手所指，其严乎！"

富润屋，德润身，心广体胖，故君子必诚其意。

文本围绕"诚意"而论，经历了解释如何"不自欺"—提出要"慎独"—小人如何自欺—自欺的后果—曾子名言—诚意的道理几个段落，学习者对"诚意"的理解达到了一定的高度和深度，并可以转化为相应的行为。"孟子道性善，其实不外乎二义，启迪吾人向上之自信，一也。鞭促吾人向上之努力，二也。"① 这种内容布局使其在议论之间，悟出属于学习者个体的内在体验。

总之，无论是在学习者与明清教材文本特定的遇见中，还是在私塾与国子监内的教学相长的过程中，除开它本身所呈现的知识，明清教材文本都有助于学习者进一步理解身处的那个时代的整全的生活，有助于理清那个时代所诉求的理想与实践，也有助于在字里行间获得个体的生活体验或意义。进一步而言，明清教材文本的"丰富"属性与学习者、社会，与具体的教学形成了一定的价值关系。根据明清教材文本的本体教育逻辑，可以认为教材文本不仅应具有公共性，还应具有"被给予性"，要反映文本的"意义"与读者之间内在关联的关系性、由读者的自主建构而得以不断生成的人为性、来源于读者个人生活并服务于读者个人生活的私人性，当学习者接触文本时，不只是从心理上重建原作者的理解意义，而是要对文本作系统连贯的语义和逻辑分析……语言成为生活行为的凝聚形式，是一个与现实联系的、多义性的开放系统。② 教材文本的建构与生成是建构文本教育性的关键步骤，但文本内容布局务必以个体心理成长为基础。

二、言之有理——基于百家之言的历史论证

按照中国古代传统，学习哲学不是一种专门或特殊的学习行为，反而是人人都应当熟读经书，以身示范，就好比西方某些国家的生活传统，人人都应读圣经，去教堂。这种需要人人熟读和理解的"经书"式教材倾向于朴素的说理，目的在于将人们的德性发展转变为一种相应的实践行为，事实上，先秦儒家所崇尚的"性善"与"好德"都需要通过"反求诸己"的方法进行主体的理解和确认。从具体的教材文本来看，明清教材文本是基于先贤百家之言的论证，是一种基于既定的历史事实的论证，并由此贯穿着一脉相承的义理

① 钱穆. 孟子研究 [M]. 上海：开明书店，1948.

② 冯友兰. 中国哲学简史 [M]. 赵复三，译. 北京：生活·读书·新知三联书店，2009.

之道。

以《千字文》为例，全文共250句，用1000个汉字描绘出一部完整的中国文化史的基本轮廓，全书分为4个部分，分别为人类社会产生的历史、人的道德修养、政治常识、作者哲学思想，展现了“述历史、讲事实、摆道理”的文本风格。纵观诸学者对四书的评价，大部分文本也呈现了这种特点。如《论语》，《论语》是儒家学派的经典著作，但具体的文本是以语录体为主，通过对话的方式记录了孔子及其弟子的言行与思想，通过这些文本，学习者能习得孔子及其儒家的政治主张、伦理思想、道德观念、教育原则等。也许在当代，《论语》的观点会被视为大道理，而事实上，作为《论语》本身的文本而言，采取的是对话的方式，有所论述也是娓娓道来，记录的是先贤与弟子的言说与行为，所议论的也是既已发生且得到历史印证的史实，就文本本身而言，它并没有直接言及“大道理”。《孟子》一书体例与《论语》相仿，各篇由若干段语录、对话和活动记载组成，各篇集中表达意理①。与此同时，《孟子》语言生动、流畅，论辩机智并富有逻辑，内容丰富，得以反映孟子的哲学、政治、伦理、经济和教育等多方面的思想。

关于《中庸》。朱熹认为《中庸》“忧深言切，虑远说详”“历选前圣之书，所以提挈纲维，开示蕴奥，未有若是之明且尽者也”。程颐强调《中庸》是“孔门传授心法”的著作，“放之则弥六合，卷之则退藏于密”，其味无穷，善于阅读的人只要仔细玩味，便可以终身受用不尽②。如：

君子素其位而行，不愿乎其外。素富贵，行乎富贵；素贫贱，行乎贫贱；素夷狄，行乎夷狄；素患难，行乎患难。君子无入而不自得焉。在上位，不陵下；在下位，不援上。正己而不求于人，则无怨。

这段文本最后强调了“反求诸己”的品性和能力，并不否认外因的作用，而是强调要充分发挥人的主观能动性。这种对自我的严格要求恰恰是对道德主体高度自信的表现③。

《大学》概括总结了先秦儒家的道德修养理论，以及关于道德修养的基本原则和方法。郑玄《目录》“名曰大学者，以其记博学可以为政矣。”《大学》先明确提出博学的宗旨是“明明德、亲民、止于至善”，接着提出“格物、致知、诚意、正心、修身、齐家、治国、平天下”八大步骤，后引用《诗》《书》对提出的论点进行逐个解释和阐发。其文辞简约，内涵深刻，若从实用主义角度分析，对如何做人、做事、立业都有深刻启迪意义。

除开说理，以历史人物与事件为论据也是明清教材文本的突出特点。前面提到的《说苑》，分类纂辑先秦至汉代史事传说，杂以议论，并用大量历史上的实例加以证明。朱元璋曾对李敬说“士子为学，贵于知古今，穷物理。圣经贤传，学者所必习。若《说苑》一书，刘向之所论次，多载前言往行，善善恶恶，昭然于方册之间。朕尝于暇时观之，深有劝诫”。《为善阴骘》文本则是收集为善获报的典型传记，旨在勉励世人行善积德，乐于施德。《孝顺事实》是朱棣在儒臣帮助下亲自编写，选取名垂青史的孝行故事作为教化孝道

---

① 范令璋策划，黄世平主编. 四库精华 经部 [M]. 南宁：广西民族出版社，1996.

② 杨晓明. 四书五经 现代版 [M]. 成都：巴蜀书社，2000.

③ 徐林旗. 四书五经名言名句（上）[M]. 北京：中国纺织出版社，2014.

的案例，以儒家经典和正史中的孝子传记为主，把孝道观念通过故事的方式展现了出来。这些都显现了明清教材以史为鉴，以百家之言为论据的文本特征。

再以《尚书大传》为例。《尚书大传》是中国最古老的记言式历史文献。“尚”即“上古”的意思，也有崇尚之意，“书”为公文，性质相当于后世的档案，并不是泛指图书[①]。书中各篇均为上古各朝史官记录，书中所记按朝代分为虞书、夏书、商书、周书，按文体分为诰、谟、誓、命、典、训六种，主要记载上古帝王政事和治国言论。“典”是对史实的记载，“谟”指的是君臣的谋略，“训”指的是臣子开导君主的话，“誓”指的是君主训诫大众的誓词，“命”指的是君主的命令，“诰”指的是君主勉励臣下的文告。如首篇“尧典”部分文本也显现这样的编撰特征：

曰若稽古，帝尧曰放勋，钦、明、文、思、安安，允恭克让，光被四表，格于上下。克明俊德，以亲九族。九族既睦，平章百姓，百姓昭明。协和万邦，黎民于变时雍。

总的来说，明清教材体系是在呈现所有“知识”时，既以丰富而具体的历史事件作为依托，也以先贤和圣儒的言行与主张作为论证之据。因此，尽管教材文本义理皆多，但并不空洞。在某种程度上看，所有的“知识”都是基于百家之言的历史论证，读者或学习者将因其基于史实而信服或接纳，或因对先贤夫子的权威崇拜而内化形成对经义文本的理解。明清教材文本言之有理，是基于百家之言的历史论证，这展示了如何才能使教育理想得以实现的逻辑，为整个社会解决伦理教化问题提供了方法论，比如，若要导向个体的“善”，必须将“善”变为在真实的社会场中出现过或具有现实意义的“善”，需要能将个体对“善”的憧憬融合到真实的社会生活之中，并以此为基础转化为自我德性的现实追求，从而达成理想性与现实性的统一。

第三节　诗性表达：基于诗词歌赋的文化隐喻

研究指出，“兴于诗”“重于教”是我国的文化传统，“诗教”是中华民族传统教育的精华。中国文化的特质之一是诗化，而在明清教材的大部分文本中，不仅言之有物，而且擅长运用诗的言说方式来表达，且在很大程度上表现为它对隐喻的广泛运用，隐喻作为教材文本的呈现形式，使诗词歌赋类教材文本成为中华文化传承与发展的超级航母。

什么是诗意？诗意是指诗能给人以美感的意境，使人与自然、社会、自我和谐相处而获得愉悦的情意。《尚书·尧典》中记载：“诗言志，歌永言，声依永，律和声。”这段文字记载了我国早期的文学理论，它包括两方面：一是指“诗言志”，诗表现了作家的思想感情，这是“诗”的特点；二是诗的教育作用，“志”既然是诗人的思想感情，必须能从

① 陈亦编. 四库全书精解［M］. 北京：中国华侨出版社，2018.

思想感情上影响人，因而具有道德规范的力量，即诗能“持其性情”。[①] 文本的诗性表达具有丰富的意蕴，凭借诗的独特功能，促使学习者在获得审美愉悦的同时，实现道德理性的认知和道德情感的升华，从而完善其人格品质，提升其思想境界。明清教材文本中大量的诗词与律对给予了学习者想象和创造的空间，而具有隐喻特效的典故与神话是文本承载文化的具体展现。

一、律对与诗词：创造的空间

在明清教材中，蒙学教材基本以律对和诗词为主。律对与诗词给予了学习者宽广的学习创造与理解认识的空间。其中，《声律启蒙》《笠翁对韵》《千家诗》《唐诗三百首》等教材皆为诗词类教材文本的典范。

以《声律启蒙》为例，每句结尾的字为常见的字，如“一东”中（具体见第五章列举文本），有“风、空、虫、弓、东、宫、红、翁”等。教材文本展示了如何对仗，即在对偶的基础上，偶字位的字和最后一个字的平仄相反。文本的对仗从单字对到双字对、三字对、五字对、七字对再到十一字对，声韵协调，琅琅上口，从而得到语音、词汇、修辞的训练，从单字到多字的层层属对，形成平仄对立的语感。在如此的语境之下，《声律启蒙》的文本还给了学习者宽广的意象空间。[②]

具体来讲，在律对与诗词所支持的语境下，教材文本可以扩展学习的意义或意象，如“云”，云有自己的象征意义，比如浮云是游子，乌云是困难，彩云是吉祥，白云是悠游。来鸿可以与“鸿雁、来宾、去燕、游子”相联系，从而逐渐帮助学习者积累意象系统，作诗的基本功就在此过程之中，走向人文的世界就这样开始了。自古读书皆吟诵。吟诵不仅仅是诵读方式，也是创作方式、教育方式、修身方式、养身方式，更是意义承载方法和传承方式。《笠翁对韵》是仿照《声律启蒙》而编，律对的文本形式也能给予学习者创造与想象的空间，达成具有丰富体验、开拓想象空间的吟诵效果。

再以《千家诗》为例，诗句明白浅显，琅琅上口，易学易懂，书中的诗大都立足于社会现实，来自现实生活，易为儿童所接受。作为明清儿童学诗的启蒙读物，诗句接近生活，题材多样，咏物拟人，富有情趣。如《春日偶成》：

云淡风轻近午天，傍花随柳过前川。时人不识余心乐，将谓偷闲学少年。

诗中描述了春日的一个正午，白云悠悠，清风拂面，一个少年正沿着载满柳树和繁花的小路漫步来到河边。旁人也许并不理解他此时此刻的乐趣，还以为是学那些闲散游荡的少年郎在偷闲玩乐呢。在诵读此诗的过程中，学习者能体验到情景交融，恰似在云淡风轻的大好春色中漫游，在春花绿柳的簇拥中陶冶自己的性情，表现了一种闲适恬静的意境。达成这样的阅读或吟诵成效，就是因为诗词能赋予学习者创造和想象的空间。清代教材

① 郭绍虞主编. 中国历代文论［M］. 上海：上海古籍出版社，2001.

② 徐健顺. 普通话吟诵教程 上［M］. 桂林：广西师范大学出版社，2018.

《唐诗三百首》共310首，按照五古、七古、五律、七律、五绝、乐府等诗体编排，汲取了《千家诗》易于成诵的优点，也具有雅俗共赏、流行久远的特点。民间俗谚“熟读唐诗三百首，不会作诗也会吟”证明了这一点。

再提及《诗经》。《诗经》是中国古典诗词的源头，作为中国现实主义文学的光辉起点，对中国的文学传统和民族特色的形成起到重要作用。关于《诗经》给予学习者的创新性，近有当代诗人平凡作了一首《诗经》[①]，展现了言诗的价值。

总之，作为民族语言特质、精神实践活动的精神素养和艺术追求，律对与诗词具备优越的“诗性”。而“诗性”作为教材文本的表达方式，给予了学习者具有延展特质的学习空间，这种延展型的学习空间能使学习者完全浸润到当时的社会文化语境之中，成为一个真正在场的学习者，甚至是一个智慧的创造者。

二、比兴与典故：隐喻的展现

隐喻的基本特点是显隐结合。隐喻由本体和喻体组成，把已知的概念“本体”映射到未知的概念“喻体”上，就形成了隐喻[②]。隐喻性文本是无法替代的，又是教育必不可少的。“善喻者，以一言明数事；不善喻者，百言不明一意。”[③] 我国传统的经书对隐喻一直情有独钟，如庄子、孟子、惠子等人雄而不辩的隐喻，展示出中华文化的特质，而这种特质也充分地展现在明清教材文本之中，无论是采取比兴手法或是运用神话或典故，都显示了文本隐喻表达的精妙之处。

以明清教材文本中有关“孝”的文本来进行分析。涉及“孝”的明清教材较多，典型代表有《论语大全》《孟子大全》《孝经》《三字经》《太公家教》《二十四孝图》等。纵观“孝”文本，其表达方式是多样的：有的是“雄而不辩”，如《论语大全》《孟子大全》；有的是富于典故和神话，如《二十四孝图说》。这些文本隐喻了有关“孝”的社会生活以及“孝”的存在必要性，从而使“孝”的行为兼具了理想性与现实性。具体文本见表5-8。

表5-8　部分明清教材“孝”文本

教材	“孝”文本
孝经	全文（略）
论语	见表5-6

---

① 平凡．明月松间［M］．北京：中国言实出版社，2018．

② 宋晔．隐喻语言的教育学意义［J］．教育评论，2003（01）：17—19．

③ 刘凯主编．中华千年古书 精华本 第10册 图文珍藏版［M］．北京：线装书局，2016．

续表

教材	“孝”文本
大学	古之欲明明德于天下者……身修而后家齐，家齐而后国治，国治而后天下平。 自天子以至于庶人，壹是皆以修身为本……其所厚者薄，而其所薄者厚，未之有也。 为人子，止于孝；为人父，止于慈；与国人交，止于信。 所谓齐其家在修其身者，人，之其所亲爱而辟焉……不可以齐其家。 故君子不出家而成教于国。孝者，所以事君也；弟者，所以事长也；慈者，所以使众也。 一家仁，一国兴仁；一家让，一国兴让；一人贪戾，一国作乱，其机如此。
孟子	未有仁而遗其亲者也，未有义而后其君者也。 老吾老，以及人之老；幼吾幼，以及人之幼。天下可运于掌。 乐正子入见，曰：“君奚为不见孟轲也？”……曰：“否。谓棺椁衣衾之美也。” 滕定公薨。世子谓然友曰：“昔者孟子……然友反命，定为三年之丧……哭泣之哀，吊者大悦。” 墨之治丧也，以薄为其道也……岂以为非是而不贵也？然而夷子葬其亲厚，则是以所贱事亲也。 盖上世尝有不葬其亲者。其亲死，……掩之诚是也，则孝子仁人之掩其亲，亦必有道矣。 子未学礼乎？丈夫之冠也，父命之……往之女家，必敬必戒，无违夫子！ 父母之心，人皆有之。不待父母之命、媒妁之言，钻穴隙相窥，逾墙相从，则父母国人皆贱之。 孟子曰：“人有恒言，皆曰‘天下国家’。天下之本在国，国之本在家，家之本在身。” 孟子曰：“道在迩而求诸远，事在易而求诸难。人人亲其亲，长其长，而天下平。” 不信于友，弗获于上矣；信于友有道，事亲弗悦……诚身有道：不明乎善，不诚其身矣。 孟子曰：“事，孰为大？事亲为大。守，孰为大？……孰不为守？守身，守之本也。” 孟子曰：“不孝有三，无后为大。舜不告而娶，为无后也，君子以为犹告也。” 孟子曰：“仁之实，事亲是也；义之实，从兄是也……” 孟子曰：“天下大悦而将归己……瞽瞍厎豫而天下之为父子者定，此之谓大孝。” 孟子曰：“中也养不中，才也养不才，故人乐有贤父兄也。” 孟子曰：“养生者不足以当大事，惟送死可以当大事。” 孟子曰：“世俗所谓不孝者五：惰其四支，不顾父母之养，……以危父母，五不孝也。夫章子，子父责善而不相遇也……父子责善，贼恩之大者……是则罪之大者，是则章子已矣。” 舜往于田，号泣于旻天，何为其号泣也？……大孝终身慕父母。五十而慕者，予于大舜见之矣。 事亲弗悦，弗信于友矣；悦亲有道，反身不诚，不悦于亲矣。 孝子之至，莫大乎尊亲；尊亲之至，莫大乎以天下养……诗曰：“永言孝思，孝思维则。” 孟子曰：“人之所不学而能者，其良能也……亲亲，仁也；敬长，义也。无他，达之天下也。 君子有三乐，而王天下不与存焉。父母俱存，兄弟无故，一乐也……而王天下不与存焉。” 齐宣王欲短丧。公孙丑曰：“为期之丧，犹愈于已乎？……谓夫莫之禁而弗为者也。”

续表

教材	“孝”文本
中庸	《诗》曰：“妻子好合，如鼓瑟琴。兄弟既翕，和乐且耽……”子曰：“父母其顺矣乎！” 期之丧，达乎大夫；三年之丧，达乎天子。父母之丧，无贵贱一也。 子曰：“武王、周公，其达孝矣乎！夫孝者，善继人之志……设其裳衣，荐其时食。” 宗庙之礼，所以序昭穆也；序爵，所以辨贵贱也；序事，所以辨贤也。……燕毛，所以序齿也。 践其位，行其礼，奏其乐，敬其所尊，爱其所亲，事死如事生，事亡如事存，孝之至也。 郊社之礼，所以事上帝也。宗庙之礼，所以祀乎其先也。 仁者，人也，亲亲为大。义者，宜也，尊贤为大。亲亲之杀，尊贤之等，礼所生也。 天下之达道五……君臣也，父子也，夫妇也，昆弟也，朋友之交也。五者，天下之达道也。 不顺乎亲，不信乎朋友矣。顺乎亲有道，反诸身不诚，不顺乎亲矣……择善而固执之者也。
三字经	为人子，方少时。亲师友，习礼仪。香九龄，能温席。孝于亲，所当执。融四岁，能让梨。悌于长，宜先知。首孝悌，次见闻。知某数，识某文。三纲者，君臣义。父子亲，夫妇顺。 高曾祖，父而身。身而子，子而孙。自子孙，至玄曾。乃九族，人之伦。父子恩，夫妇从。兄则友，弟则恭。长幼序，友与朋。 孝经通，四书熟。如六经，始可读。幼而学，壮而行。上致君，下泽民。扬名声，显父母。光于前，裕于后。
太公家教	事君尽忠，事父尽敬，孝心事父，晨省暮看，知饥知渴，知暖知寒；忧时共戚，乐时同欢，父母有疾，甘美不餐，食无求饱，居无求案。闻乐不乐，闻喜不看，不修身体，不整衣冠，得治痊愈，止亦不难。 其父出行，子须从后。孝养公家，敬事夫主；夫为一言，反应十句，损辱兄弟，连累父母，本不是人，状同猪狗。 孝子不隐情于君，立身行道，始于事亲，孝无终始，不离其身。修身慎行，恐辱先人。恭行孝悌，行追贤圣。
千字文	盖此身发，四大五常。恭惟鞠养，岂敢毁伤。资父事君，曰严与敬。孝当竭力，忠则尽命。 乐殊贵贱，礼别尊卑。上和下睦，夫唱妇随。外受傅训，入奉母仪。诸姑伯叔，犹子比儿。孔怀兄弟，同气连枝。
龙文鞭影	重华大孝 阳孝尊忠 倚闾贾母 邓攸弃子 郭巨埋儿 伯俞泣杖 伯约当归 赵苞弃母 寿昌寻母 董永卖身 王祥求鲤 衣芦闵损 扇枕黄香
幼学琼林	父仇不共戴天，子道须当爱日。里名胜母，曾子不入。卷二“祖孙父子”全文（略）。 天下无不是底父母。至若缇萦上书而救父，卢氏冒刃而卫姑，此女之孝者。

具体来看，《大学》文本中提及“天子与庶人”，以“天子”的至尊地位来关照“孝”，

明示要在“皆是以修身为本”中认同“孝”。《孟子》中用了孟子、滕定公世子、舜、齐宣王等人的典故或言行，从而引入了如何施行“孝”，施行“孝”的过程中可能存在的困难或误解，以及该如何辨析与处理。《中庸》中提及了武王、周公的“孝”行为，《三字经》提及了某儿童“香九龄，能温席”，《二十四孝图说》中描述了24个人物的孝行，上至文武百官与父母长辈，下至乡村野夫与孩童。这些孝行，有的是真实的历史事件，有的则是虚构或夸张的民间神话。文本内具体的“孝”的表现，不仅展现了孝的丰富性与多样性，而且隐喻了“孝”的文化内涵与社会价值，建构了教育的具体情境，这种情境是自然显现出来的，而不是指称式的，是“隐喻其中”而不是“抽象定义”，从而达到了言有尽而意无穷的效果，能让学习者在吟诵之间自然地走向了“孝”的认知世界。“孝”的文本不仅具有信息功能，人文教化功能也能自然彰显。在“知识”没有成为“共享资源”的古代，“孝”的知识何以能够不断浸润、传承与发展，成为中华优秀传统文化的核心，文本隐喻所带来的既有感性认识的生动，又不失理性认识的抽象以及给予想象和审美意识。由于对隐喻的理解就是新的意义不断建构的认知活动，因此有可能形成无限、开放和动态的意义。

在明清教材体系中，有的教材名称也都喻之以意，如《龙文鞭影》《幼学琼林》的名称都具有这样的教育意蕴：“龙文”是古代的千里马，意指不需扬鞭就会奋发向上；“琼林”既与科举的“琼林”有关，也与其本意“美玉”有关，即书中的知识典故、名言佳句好比美玉如林。儒家一直是诗意德育思想的积极倡导者与践行者。不论是山、水，还是梅、兰、菊、竹等其他自然物，只要与人的某种精神品格、道德情操以及言行举止有同形同构之处，就能够进行“比德喻志”的精神实践活动。如《增广贤文》中“人不通今古，马牛如襟裾”“学者如禾如稻，不学者如蒿如草”“翻覆之水，收之实难”，[①]《声律启蒙》中的“晚霞舒锦绣，朝露缀珠玑”“窗前莺并语，帘外燕双飞”“萧史凤，宋宗鸡”“杨柳和烟彭泽县，桃花流水武陵溪”等。各类诗词文体类教材中涉及的名物也是借物言志，抒发情感，不再繁举。

教材文本对隐喻的惯用能丰富学习者心理对文本意象的映射。我国古代所倡导的“君子之教”其实质就是充分发挥“比德喻志”的隐喻性教育功能，寓理于感性之中，寓理于形象之中，促使学习者通过自然物来进行价值关照，使自然人化，精神品格对象化，从而自致其知，自悟其理，甚至自健其德。在教育活动中，隐喻性语言或文本是逻辑语言或文本所无法替代的，且是教育必不可少的。当代教育研究者也提出，缺乏了隐喻语言的教育使学校成为孤岛，要复兴“隐喻”在教育中的价值与功能。《学记》曰：“故君子之教，喻也”，否则，学习将被浸淫在“冷冰冰”的逻辑中而没有生气。需要明确的是，隐喻在本质上是一种精神表述，是一种精神性存在，是人类精神存在的家园。[②]在这一点上，明清教材文本展示了诸多卓越的范本。

---

① 张齐明译注. 增广贤文［M］. 北京：中华书局，2013.

② 宋晔. 隐喻语言的教育学意义［J］. 教育评论，2003（01）：17—19.

第六章　透析：来自明清教材文本的启示

明清教材文本是丰富的，以丰富为基础，展现了历史，贯穿了人文，启迪了思辨，给予了实践，具备史学式的功能，这种独特的丰富性使它也具备了厚重的教育性，以丰富的知识、朴素的说理、诗性的表达为支点，建构组成了“知识、说理、呈现”三链一体的文本特征，涵养了独特的文本教育性，成为中华传统文化表达的标识。应该说，探究当代任何阶段的一本教材文本，都未能充分展现这种本体教育性。

明清教材文本的教育性是建立在中国传统课程与教学理论的基础之上的：在对待和处理教学与课程的关系上，关注更多的是如何有利于“教学”而不是如何使教材内容“课程化”；在“教”与“学”的关系上，是着眼于学习者如何“学”；在“理论”和“实践”的关系上则是以实践“问题”或“实用”为出发点①。对比明清教材，当代教材在过度依赖国外课程论或教育理论的背景下，逐步流失了对教材文本教育性的关照与思考，逐步形成了“知识”型的教材文本评价，即以“知识”的系统性、标准化作为教材文本选定与编撰的标准。在这种评价标准下，教材文本追求精简的语言，以过于抽象的形态呈现在学习领域，忽视了教材文本本体的教育性，使学习者的学习窄化为记忆型学习，流失掉了教材文本所带来的文化滋养、诗意渗透、精神渲染与历史视野，从而流失掉了“培养全面的人”的重要价值。这种停留于“知识”标准的教材文本以及由此衍生出的教育实践不可避免地失于简单，也剥夺了学习者自主探索知识的权利，甚至造成学习者的知识和能力的缺失。我国教育的根本目的是“立德树人”。作为课程领域的重要内容，教材应服务于“立德树人”这个根本目的。应该说，在客观上并不存在专门的“立德树人”的教材，若要使教材具备这种属性，只能依托具体的、承载各类“知识”的教材文本，唯有如此，才能使学习者需要培育的必备品格和关键能力得到具体化、学科化、情境化。凡有所学，皆成性格，教材文本这个“原生地土壤”是达成“所学”的根基。教材文本应作为一种特殊的文本，知识可以系统而有秩序地呈现，但不能因为追求高效而流失掉“丰富”的特征，或不能因追求“精选性”而在追求大而全的过程中沦为“精简”，将原本应显现出来的文化内涵浓缩成为成语、年代或数字，或是直接演变成一个个形容词，使学习成为一种抽离掉了思辨与判断的可能性而可以直接获得的学习，成为一种没有根基或缺乏个体经验融合其中的

---

① 张传燧．本土课程与教学论：内涵、体系及其特色［J］．湖南师范大学教育科学学报，2014（01）：36—40．

学习。

明清教材的文本教育性为当代教材改革与发展提供了本土化的发展路径与方向。教材文本作为一种特殊的文本，应努力实现教材文本的价值超越，拓展其功能以面向教育的多重空间；理想的教材文本是活性的知识，字里行间不仅仅是知识体系，更有因知识的不同而预设的不同呈现方式与建构性布局。与此同时，要辨析明清教材的社会文化属性，对教材文本的美好猜想不仅要着眼于微观的教育性，还应回到教育的既有生态，在历史印证与现实诉求的基础之上，理清教材革新的现实可行性。

第一节　教材文本“基因”：活性知识

不证自明，教材文本在课程与教学领域具有重要的地位，从这个视角来调整教材建设将是一种行之有效的教材革新方法，但如何反映教材文本作为一种特殊文本具有教育性是一个关键性的难题。[①] 事实上，不论教材功能的范畴如何界定或拓展，教育性作为教材文本的标准似乎是一种常识，但如何落地或是以什么形式呈现却一直处于概念阶段。教材文本的教育性如何建构？如何予以评价？在这一点上，明清教材的文本特征呈现了理想教材文本的模型，给予了具体的范式。

美学家伊瑟尔在“作品作为一种召唤结构”的理论中指出：“作品不是死的或只是等待的范本，而是具有召唤读者能参与其中的活结构。”[②] 教材文本不能仅仅是一种固化的存在，更应该是一个个鲜活的生命体，只有具备了这样一种“活性”，才能使教材文本与学习者和其他客体的对话与交互成为可能，并将这种可能放大到最佳水平。审视明清教材文本与客体形成的价值关系——明清教材文本并不只是浩瀚的经文义理与诗词歌赋，也不仅仅是源自百家的夫子言行——明清教材文本的基因具有活性的特点，它是活性的知识，是动态的知识，它的存在显现出作为教材文本应有的“基因”（见图 6-1）。

图 6-1　明清教材文本的“基因”

① 侯前伟，张增田．教科书评价标准建构：功能、路径与展望［J］．当代教育科学，2019（08）：61—68.

② 石鸥主编，张增田副主编．教科书评论 2013［M］．北京：首都师范大学出版社，2014.

具体来讲，明清教材文本囊括了中华文明上下五千年来的史实图景，就是在这般诗性的隐喻式的表达中，学习者建构生成了对“史实图景”的具体理解与主动探究，其字里行间犹如个体生命的基因，支持着明清时期具体的各类教育实践，不仅为当时的社会培养出了能臣名将、文人贤儒及仁厚百姓，也承载着中华传统文化产生、发展与变化的全部密码，成为承载中国古代文化的超级航母。

明清教材文本的“基因”为教材文本这一特殊文本的应有逻辑提供了范本，展现了教材文本的教育逻辑。作为教材的文本，是“知识体系”“表达模式”“接受逻辑”三个基因链的统一协调与彼此成全。理想的教材文本应具有活性的知识，这种“活性”犹如人体的基因，储存着教育的全部密码与资源（见图 6-2）。在当代，也许这样的理想教材文本并不能完整地呈现，甚至需要经历很长的时间才能趋向于它，但理想的教材文本基因应该首先在教育者或编撰者心中展开，从而一点点地积累，完成对教材文本的基因改造，不断向理想的教材文本靠近。

图 6-2　理想教材文本的“基因”

一、基因链之一：知识存量

纵观明清教材文本的内容与框架，明清教材多层次、多角度、分阶段地呈现了中国的史实图景，铸就了中国文化知识之殿堂。也许以“丰富”为特征的评价会遭遇质疑，认为古代教材没有突出自然科学技术知识或只有少量的自然科学技术知识，知识是封闭的，在大量的教育专著内都有类似的观点。但是，知识存量应置于相应的社会背景之下予以评价。对于传承中华传统文化，学习生活技能，掌握明清时代的新科学、新观念而言，明清教材的知识存量达到了前所未有的高度，呈现了学科式的拓展与繁荣，这体现在两个方面：一方面是对原有知识的拓展，另一方面是对新知识的选编与融合。在明清官学教材体系中，无论是礼制法规、诗词歌赋，还是人文经义、文章奏议，都达到了前所未有的巅峰，《五经大全》《四书大全》《性理大全》《明大诰》《说苑》等都是其中的代表。清代经学复兴，训诂考证之潮使教材内容极尽其理，增添门类，增益其所效能，如对教材《十三经》的诠释阐明，诗文教材《古文辞类纂》新增的海量诗选，明清主要书院著书立说，其知识的存量更向纵深处延伸。因此，明清教材文本对明清时代的知识展现是丰富的、全面的，这种丰富与全面既体现在类型上，也体现在素材的饱满与生动描述之中。在明清蒙学教材体系中，除开原有的基础识字类和部分经义类，新编了一批关于典故与名物、训诫与规矩、文体与诗词、科学技术、女性训导读本，拓展了知识的内涵与外延，且部分教材不断被后人改编或更新，版本繁多，有些选本在全国流行，影响很大。蒙学教材将识字、习文、礼仪、规范、义理、自然、地理、科技等知识给予了生动的阐释，在行、知、意上都具有“丰富”的特征，可以说，蒙学教材是中国古代教材的根基，正是这些具有丰富特征的知识，熏陶培养了一代又一代品行端正、学识渊博的中国式知识分子。总之，明清官学、书院、蒙学三类学校的教材知识存量达到了前所未有的峰值，“丰富”为教育性的生成奠定了逻辑基础。

二、基因链之二：表达呈现

不论什么样的文本，在具体的表达与呈现过程中，学习者不但获得知识的“意义”，而且会基于学习者学习与生活的经验而产生相应的知识所蕴含的“意味”。“意义”所反映的是客观化于文本之中的事物本身，“意味”所反映的是文本与学习者之间的关系，是文本“意义”对学习者的存在所指示的可能性，反映着文本“意义”与学习者之间内在关联的关系性，由学习者自主建构而得以不断生成①。教材文本是学习者最集中关注的、具有教育权威属性的文本，因此其表达或呈现的方式是否有助于学习者产生更有价值的“意味”显得特别重要。从这个维度而言，某些知识的呈现是不能过于直白或生硬的，基础教育阶段的教材知识也不能过于抽象或笼统，没有对象或实践作为理解的基础。在某些领域的学习过程里，学习者的学习必须要经历一个涵养实践智慧的理解与深化过程，才能将建构出来的“意味”回馈到学习者的思想或具体的生活之中。

明清蒙学教材文本以律对、韵律、诗文为主，官学教材以义理、对话为主。不管是诗词歌赋还是经义文章，都具备着隐喻的语言功能，也就是说，文本意义不仅反映了教材文本之中的作者意图与教材文本所言及的事物本身，具有客体自主性、被给予性、公共性的特点，而且富于“意义”，这种“意义”可以因学习者的联想、解释、理解、推测等多种路径而形成，创造性与原生性并存，以达到教化与涵养的效果。

学科结构运动下的结构课程观点认为，学术性、专门性和结构性是课程现代化的基本特征，这导致在教材编撰过程中过于强调教材文本的精准性、概括性、简要性等要求，无形中将课程原理与教材编辑方法等同起来，课程的逻辑构成了教材文本逻辑的基础，即教材文本也遵从了学术性、专门性和结构性。事实上，现代意义上的课程逻辑是后天的一种界定，而教材文本的逻辑应始终围绕如何“教育”这个原始的命题，因为它无时无刻不涉及具体的教育实践，教材文本逻辑与课程逻辑不属于等同的序列——具有诗性隐喻特征的教材文本与结构化的课程并不会产生对立的关系，反而是让结构化的课程落地的一种诗意

① 杨道宇. 论课程文本的“意义”与“意味”[J]. 全球教育展望，2013（07）：26－32＋72.

的成全。

施瓦布曾提出，教材只有成为朴素作用中的积极因素时，只有在满足特定学习者的问题、需要和兴趣时，才具有课程的意义，有多少个教育情境，就有多少个课程的生态运行空间。诗性的隐喻能为学习者敞开无限的想象与思维空间，意会之间等同于运用教材文本构建了无限的、虚拟仿真的教育情境。正如海德格尔所认为的那样，理解文本的根本目的“不是去发现包含在文本之中的呆滞意义，不是去把握一种事实，而是去揭露由该文本所指示的存在的可能性，而是为了更好地筹划自己的未来”。从这个角度而言，以课程逻辑为基础的教材文本的缺陷主要在于没有面向真正的教育实践，或忽视了在教育实践上的功能拓展，文本只是呈现为静态的符号传递，失去了文本语言本体的整全，教材文本只是一张生硬和冷冰冰的面孔。在这一点上，明清教材文本给予了读者“私有财产”，并服务于处于明清时代的人们的生活意愿。这可以说明，明清教材文本的表达或呈现方式既反映了编撰者所表达的主要观点，也反映了编撰者对接触文本的学习者的判断与期待，这是教材文本作为活性知识的第二个重要的基因链。

三、基因链之三：接受逻辑

从学习者如何更好地接受或学习的角度而言，应从传播视角来看待整体的文本与学习者之间的关系，即文本与学习者是一个动态的传播行为。相对“静止”的文本如何与学习者达成最佳的传播效果，就是要遵循作为受众的学习者如何接受文本的心理逻辑。

明清教材文本以律对、诗文为主，句式整齐短小，便于识记，用语精炼，琅琅上口，长于吟诵，便于记忆，这在蒙学文本教材上更为突出。不仅如此，其文本内容不仅贴近了生活的原貌，还多运用比喻、对偶等方式拓展了生活的场域。当生活的事件离蒙童较远，可能过于抽象时，则辅以韵律；当文本的内容比较简单时，则润以文饰，引导儿童产生更多美好的体味。如《笠翁对韵》上卷“三江”中的“千山对万水，九泽对三江。山岌岌，水淙淙”，“七虞”中的“罗对绮，茗对蔬。柏秀对松枯。中元对上巳，返璧对还珠。云梦泽，洞庭湖。玉烛对冰壶”。如《千家诗》中的“忽如一夜春风来，千树万树梨花开”。其中常见的名物富于诗意，名物都有相应的文饰或故事线索，既有了韵律，也形成了对名物的意象，部分名物并不是儿童常见的，则辅以了律对，便于从吟诵中形成初步印象，进而走向理解。不仅如此，蒙学教材内容错落有致，在某一个位置出现的内容，将在其他的文本情境内呈现，或是重复，或是给予更深层次的新解，萌出几多新意。可以说，文本并不只是“浓缩载体”或“璀璨明珠”，而是考虑到了具体的学习者以及具体的教育情境，具备着文本本身意义的开放性、历史性和生成性特征。

明清教材经义类文本以对话、史实为主要形式。值得提出的是，蒙学阶段的教材文本已经为成人学习打下了基础，这种基础不仅是知识的基础，更是实践的基础，即在当时社会文化环境之中，儿童已经有了与文本内容一致的言行基础，如“孝”的行为、“仁”的施予，因此，成人在接触官学教材文本时，已经处于对知识的理解、运用与创新阶段了。

纵观官学文本，以对话与史实为主要呈现形式的文本并没有遵循当代所推崇的以标准化的知识层次或点来呈现，而是让学习者在阅读之间获得义理与启发，即使是直接的义理，也多采取引用、阐释的方式言之。明清的《五经大全》《四书大全》采取增加注解的方法，帮助学习者理解。以当代的视角来看，是禁锢思想的具体表现，但是，从另一角度而言，文本是原文与注解并存，即在客观上还没有形成一个标准的理解（在已经具备蒙学的基础之上），而是仍有机会对原文形成自己的理解与阐释。事实上，在明清的多本经义类教材之中，都保留了原注或来自其他学者的注解。经义类教材提供了解释的方向，但在意识层面也并没有否认学习者个体的理解。如同当代的阅读型文本，在长年累月的阅读过程中，学习者能够形成对文本的独特理解。

蒙学与官学教材文本不仅在形式与组织上形成了与学习者有价值的认知关系，遵循了学习者的心理认知规律，让学习者能够持续或更多地走近知识，使学习知识成为可能，而且在具体的文本情境中注重了知识的建构、生成与发展。明清教材文本的物理数学可能是相对单薄的，但足以支撑起中华文化的博大与精深，它所呈现的方式并不是直接告知的，而是在字里行间间接地表达出来，让学习者在长期的学习中建构与生成了出来，实现了认知发展、情感陶冶、精神化育的完美统一。明清教材文本作为中华文化文本编撰出来的经典知识，充分展现了知识性质的文本应如何遵循个体认知的规律，如何与学习者的接受逻辑融为一体，提供了当代教材文本可借鉴的范本。

第二节　教材价值拓展：何以超越

作为中华传统文化土壤之上的衍生之书，明清教材不仅仅只是知识的权威，垄断着知识的形态与体系，还面向了具体的教育者与学习者，实现了教材价值的超越。

教学与知识密切关联。知识既外在于教学过程，成为影响教学活动的重要因素，同时又内在于教学过程，构成教学活动的基本内容。[①] 曾天山的研究指出，建构教材文本要以“教学性”为首要价值，即必须按照教学论原理去研制，教学性应该是教材文本的教育性功能之上的突出表现。“教材不仅是一部科学著作，而且要符合学生的认知特性，深入浅出，循序渐进，这是教材不同于一般科学著作的特性。”教学性应是教材的本质和第一要素，能够决定和影响教材其他特性和功能的发挥。[②] 尽管该研究强调“教学性”而忽略了“教育性”，是因为其所忽略的教育性是一种狭义的教育性，主要是从“思想性”这个角度出发，是指“教材作为道德教育与品德教育的重要途径”，他认为教育性的依凭来自政府，

---

① 刘振天，杨雅文. 重建教学与人类知识史的结合——创新目标下的高校教科书改革［J］. 高等教育研究，2003（03）：76—80.

② 曾天山. 论教材的教学论基础［J］. 西北师大学报（社会科学版）1996（02）：63—68.

政府多从巩固其统治和统合民族文化的角度审视教材。[①] 其反对的是两种错误的倾向：一种以思想性代替教学性，另一种是以知识性淡化教学性。因此，在关于教材的价值这个问题上，从表面来看前期研究的侧重点在于“怎么教”，但事实上涵盖了更多的内容，是走向了对广义的“教育性”的推崇。如教材作为教学系统的有机组成部分，教材如何传递与显现教学观，教材可以自学以替代或扩延教师职能，教材功能应予以扩展，既是手段，也是学习对象等。

一、价值超越的核心：客体价值

教材及文本价值应是教材与学生、社会构成的价值关系，教材评价的客体也应是教材及文本与学生、社会构成的价值关系。[②] 因此，对教材的价值进行评价应聚焦于这种价值关系，要判断与评估这种关系中显现出来的促进学习者的作用或功能，这种价值是一种超越了教材文本作为知识标准的记录载体的价值，是对当代教材功能界定的价值超越。

要在具体的教育实践中关注教材文本的教育性，而不仅仅是在知识的真伪与去留之上。事实上，施瓦布的实践性课程开发理论聚焦的也是理论能否走向具体的教育实践。[③]“实践”是指具体的学习行为，即一个个具体的教育实践。实践性课程开发理论的基本特征是回归于真实而具体的学习行为，课程开发过程实质上是主体之间针对具体教育实践情境的需要而进行“审议”的过程。根据施瓦布的观点，若要拓展教材文本功能，提升教材文本作为客体的价值，应在知识的基础上转向文本对具体的学习实践的有效性和科学性。即教材文本与课程、教材文本与环境、教材文本与教师以及教材文本与学习者的关联性，只有当文本与具体的教育实践里的更多方面建构成有意义的联系时，才能产生相应的教育价值。

明清教材文本是丰硕的，其文本的基因属性造就了“活性的知识”，展示了教材文本的内在要求。凭借这样的特性，明清教材无论是在与明清时代学习者的遇见之中，还是在具体教育场景里教学相长的过程中，都有助于帮助学习者理解身处的那个时代的生活，有助于帮助那个时代所诉求的生存模式或理想抱负，也有助于在字里行间获得属于个体的人生意义。可以推测，明清教材文本的编撰者针对具体教育实践情境的特殊性，对不同知识和文本进行选择、修改、诗化，将具体教育实践情境的需要和兴趣相对应起来，模拟了适应实践情境的需要和兴趣，创造产生了一批批可替代的行动过程，并预见该行动过程的教育成效。

因此，理想的教材能潜移默化地对学习者整体的智慧框架产生影响，从而受益终生。从这个角度而言，最好的教材不应该是那些高高在上的受人膜拜供奉的艺术经典，教材及

① 曾天山．教材论［M］．南昌：江西教育出版社，1997．
② 邝丽湛．教材评价的本质及其价值分析［J］．教育研究，2002（07）：33—36．
③ 张华．课程与教学论［M］．上海：上海教育出版社，2000．

文本本身就应该去掉冷冰冰的面孔。20世纪的教育科学主要是建立在行为主义心理学的基础之上，按照自然科学的研究思路去研究学校教育，像对待自然事物那样，对课程、教学以及整个学校教育进行分解、量化，展开实验室研究，由此获得分门别类的规律及基于这些规律的处方，其主要贡献在于怎样控制学校教育，而不是理解学校教育并使这富有意义。① 对比教学论的理论与发展历史中所追求的教学价值，无论是博学还是思辨，无论是涵养德性还是激发天性，目前的教材文本所承载的"作为教学的标准知识"这个任务很难提升这些相关的价值，只是些许完成了其中的教学价值或教育目的的小部分。教材文本应是智慧范式的存在，应该承载更丰富的功能与意义，唯有如此，它对"教"产生的价值才是具有多元属性的。

表 6-1　教学研究发展历史中的主要观点及"教学"价值②

发展阶段	代表人物	主要理论（观点）	教学价值（目的）
启蒙时期教学论的确立	拉特克、夸美纽斯	以语言和科学为重要议题；以自然为鉴；兴趣与自发；实践学习；直观原理。	熟悉万物（博学）；培养恰当的道德；培养宗教或虔信。
启蒙时期教学论的发展	卢梭、裴斯泰洛齐	自然教育论；发现教学论；自我发展原理；直观原理；教学心理学化。	儿童自由生长；尊重儿童发现天性；培养爱好学问的兴趣；教会研究学问的方法；培养自主、理性的人格。
19世纪教学论的发展	赫尔巴特	观念与统觉；四阶段教学法（明了、联合、系统、方法）；教育性教学。	广泛的观念体系；培养人的"德性"（善的意志）；培养深远的、直接的、全面的兴趣，包括经验、思辨、审美、同情、社会、宗教。
现代教学论发展里程碑	杜威	超越"二元论"；经验教学论；问题解决（实物）教学。	经验的不断改造；创设经验的情境；创造解决问题的机会；产生有助于解决问题的设想。
20世纪教学论的发展线索	桑代克、斯金纳、加涅、赞科夫、布鲁纳、瓦根舍因、克拉夫基	基于行为主义的教学设计；认知教学设计；发现教学论；范例教学论；学习者、媒体、环境交互作用的教学设计。	遵循理智的适切性；开发序列化的教学设计；开发符合知识特性的设计；促进问题解决与策略模式化；培养主动的、自律的、目标导向的、反思性的学习者。

理想的教材应当成为教师与学生关注的焦点与中心，在具体的教育实践里要扮演多个角色，并不只是停留在"知识"的标识或框架之上，而是以"知识"为依托，在不同的教育场景里发生不同的具有"教育性"的交往，发挥着不同的功能，是一种可以不断扩大、

① 张华. 课程与教学论［M］. 上海：上海教育出版社，2000.
② 张华. 课程与教学论［M］. 上海：上海教育出版社，2000.

产生怀疑或激发惊奇的知识性体验，一种可以拓展的思想原型。在明清教材中，无论是经典的义理，还是风格迥异的诗文，无论是短简的联对短语，还是圣人的对话，都符合了这样一种期冀，即朝向了教学论中关注的多元价值，这对当代教材及文本改革是一种启示，教材不应仅仅是数理化、政史地的标准答案，而应通过教学内容的选择、编定与呈现，更有效地实现多元价值和目标。理想的教材及文本应在与教学、与学生的生动交往中发挥着独特的价值，也务必以实践哲学和心理学为基础，服务于学习者的实践，也应充分运用途径及手段，避免对学习者形成不当的认知阻碍。与此同时，在教育的具体场域，教育者可以在此良好的基础上为实现这些教学价值而做出卓越的努力，在师生间的交往过程中实现整体性的教育目标。

二、价值超越的藩篱：教学生态

明清教材有其特定的教育教学生态。教学阶段分为“六堂”，分别为率性、修道、诚心、正义、崇志、广业，按顺序进阶。教学考核方法为积分制，按季度进行，试经义、论、经史策一道，判语二条，诏、诰、表、内科一道。具体的教学活动分为晨午两个学习时间。晨课在晨间，由祭酒主讲，午课为会讲、复讲、背书、论课等，由博士、助教主持。除此之外，还实行了监生历事制度，通过“历事各司”锻炼并考查监生的从政能力。在具体管理上，监生待遇优厚，但监规严格，违规者施以充军、吏役、死刑等酷刑①。地方官学的学习分为礼、射、书、数四科，经史礼仪等书要求熟读精通，每日习字，数学须通九章算术，考试制度严密，有月考、岁考、科考，作为监生资格的选评。日常考核内容包括德行、经艺和治事三项，且记录成三等。清乾隆期起，国子监课程分为经义、治事二科，经义科以御纂经说为主要内容，兼教诸家学术。治事科以历代典制、赋役、律令、边防、水利、天官、河渠、算法等为主②。

书院与官学的主要区别有三点：一是由民间集资，二是书院学生不受身份和地域限制，三是教育规制是自发性的。③ 大部分书院学生不以科考为目标，对学生的考核标准也侧重于对先贤的理性追求。如清代大多数书院由民间集资创办，教育不是为了科举进仕，而是普及文化的基础性教育，属于素质教育④。大部分书院继承稷下学宫和宋元书院讲学方式，采取定期集会、自由讲学、置难疑问等方式，大型书院的教学、藏书成为启蒙思潮萌生的温床。⑤ 不同的书院有不同的教学特色，如王阳明及其门人、后学讲学地点不局限于书院，据记载，王阳明在正德初年于龙场书院讲学时，率诸生走出书院，盘桓于山林泉涧之间，享受讲习之乐。⑥ 岳麓书院从创办时就设俎豆，祀孔子，对祭祀的重视在明清时

① 黄仁贤编著．中国教育史［M］．福州：福建人民出版社，2003.
② 黄仁贤编著．中国教育史［M］．福州：福建人民出版社，2003.
③ 陈谷嘉，邓洪波．中国书院制度研究［M］．杭州：浙江教育出版社，1997.
④ 陈谷嘉，邓洪波．中国书院制度研究［M］．杭州：浙江教育出版社，1997.
⑤ 喻本伐，熊贤君．中国教育发展史［M］．武汉：华中师范大学出版社，1991.
⑥ 肖永明．儒学・书院・社会文化史视野中的书院 修订版［M］．北京：商务印书馆，2018.

期被推崇到了一定高度。[①]

蒙学一般是在私塾进行的，大致有三种形式[②]：一是官僚地主请名师坐馆，教自己的子弟，称为教馆或坐馆。二是秀才、退休官僚或其他热心教育的知识分子，在家中设学收徒称为家塾。第三类是义学或义塾，由地方组织捐献而建，挑选地方上有学识的长者担任老师，这类私塾对念书、看书、作文、记文、培养儿童习惯以及每日活动安排都有具体规定。私塾具体的教学实践以清朝时期的义学教学为例：重读不重讲，读书教学一般是儿童立于教师案旁，教师先读，儿童随之跟读，读至数遍或十数次，令儿童回到座位自读，读至数十遍后，再至教师案前背诵，背诵无误再教新课。教新课前，要“温书”或“理书”，规定儿童“逐日带温”“逐句逐字能理”。教新书不忘温书，是蒙学读书教学的原则。与此同时，没有确定的修业年限，也没有明确的毕业标准。

明清的学习者也有相应的特点。明代社学招收15岁以下者读书。蒙学学生水平不一，进度不一，出学时间不一。一般是在七八岁时入学。官学中国子监监生根据来源有贡监生、举监生、荫监生、例监生、土官生、夷生六类，具体来源见表6-2。

表6-2　明朝国子监生源来源明细表[③]

类别	来源
贡监生	有岁贡、选贡、恩贡三种，从府州县学中按规定定期向国子监输送。
举监生	北京参加会试落第的举人，由翰林院选送。
荫监生	根据来源分为官生、恩生、功生、难生。
例监生	普通百姓捐货入学，货物包括粟、马、钱等。
土官生	云南、四川等地少数民族升贡入学。
夷生	日本、琉球、暹罗等国的留学生。

结合明清各类学校的教育特点，对明清时期的官学和蒙学的教学目标、教学方式、教学管理及评价等方面的特点总结如下。

表6-3　明清时期教学特点

维度	蒙学	官学
教学目标	识字、背诵、习礼、升学	科举、从政
教学管理	无或家庭、家族	学规严格、立法
教学评价	背诵、书写	背诵、书写、创作

可以推断，在这样的教育生态里，明清期间的教师与教材垄断了文化知识体系及其传播方式，教师因身份而兼具了管理和教师的双重权威。识字、背诵、习礼和书写等教学目

① 陈谷嘉，邓洪波. 中国书院制度研究［M］. 杭州：浙江教育出版社，1997.

② 李国钧. 明清蒙学教育述评［J］. 华东师范大学学报（教育科学版），1992（01）：45—54.

③ 黄仁贤编著. 中国教育史［M］. 福州：福建人民出版社，2003.

标与教材是统一的，即教材文本是评价的标准，具有客观性和典型性；升学、创作的教学目标依靠个人天赋与努力，凭借对教材文本的理解与运用程度，教材文本作为客体提供了范本和示例。

以《论语大全》为例。研究指出，从历史文化语境来分析，《论语大全》的文本逻辑是孔子后学对“夫子之言”的价值认同，选择“问答”作为《论语》文本体裁是为了通过语境重构来保持文本的开放性，让读者主动参与到对孔子思想的创造性理解中；缺乏情景语境的“子曰”式叙事反映了孔子后学对孔子思想进行系统性建构的努力。① 也就是说，古代教材文本编撰的目的不只是现代意义上作为知识标准的教材，而是编撰产生更好“理解”、更有利于“教化”的教材，这种理解既面向了教学相长，也面向了学习者的自我吟诵与临摹书写。在口授相传、有限纸媒为主的信息传播环境下，明清时期的教师作为知识权威的角色大过于作为教师教导的角色（除开教育名家，古代教书先生的角色，大多以“刻板”“迂腐”“穷酸”“潦倒”“落魄”描述），因此可以推测，明清时期的大部分教师只是知识的功利型垄断者，但并不是理想的教育者，明清教育的成功要将更大的功劳归属于教材文本，教材文本发挥着重要的教化功能，或者说教材文本内含了便于“教”与“学”的元素。

应该看到，明清教材文本不只是提供了标准化的范本和示例，以背诵为主的教学目的只是显性的，隐性的封建伦理教化是明清教育决策者的教育目标，以仁孝礼义为中心，遵循修身、齐家、治国、平天下的素质序列，培养封建社会认同的子民和治国理政的官员是其教育理想。也就是说，希望通过显性的背诵与书写培养具备封建社会发展所需求的素养与能力，编撰者赋予了教材文本这一潜在的重大教育责任，即在临摹、吟诵与背诵之间走向“培养人”的目标。在明清特定的教育生态里，更多的教育者只需要命令学习者识记、背诵教材文本，值得庆幸的是，明清教材文本弥补了教育家不在场的局限性，明清教材文本不是一种纯知识的摘录，而是将实现教育的终极目的和传授文化知识有效地统一起来。在这样的学习背景下，文本本体承担了更多伦理教化的功能与责任。

联合国教育科文组织出版的《反思教育：向“全球共同利益”的理论转变?》提出，未来教育必定是生存在新的全球学习背景之下。在日新月异的技术变革之中，学校、教师、教材、学生的传统角色或存在方式也将面临重组，特别是对学校和教师的垄断性权威的瓦解。也许在未来时代，未来的教材可能是唯一以真实在场的方式存在于学习者视域中的教育权威，它的内容也许能通过信息技术在最短的时间内得到，但它作为知识或文化存在的物质形态，其所产生的阅读或吟诵式的学习行为将永远不是技术所能替代的，因此，未来信息时代的教材与明清时代的教材有着相似的生存生态与角色责任，有可能成为新时代教育者不在场时的真实教育者，引领学习者体验更加理想的学习过程。

在全球化的背景之下，承载着中华本土文化密码的教材必将持续发挥政治、经济、文化与教育功能，当然，这只是研究者基于对中华传统文化的敬畏与信仰而萌生出来的对未

① 陈科华.《论语》文本研究的几个问题［J］. 云梦学刊，2020（02）：70—83.

来中国教材的一种美好猜想。要实现这种美好的期待，不能简单地将明清教材文本移植到当下的教材体系之中，而是要洞悉明清教材文本在明清教育体制与生态下的生存之道，针对当下以“立德树人”为根本任务的教育事业中出现的难点、重点问题而探索教材文本可负载的教育功能与价值。要使学习者走向具体的基于教材文本的实践，不但需要以学习者视角分析教材文本的基本问题，还需要将学习者、教材文本置于具体的社会与教育情境中加以讨论，这是教材文本实现价值超越的藩篱。

三、价值超越的逻辑：认知建构

教科书文本是教育的文本。[①] 不同的教材背后隐藏了对不同个体的不同观念与判断[②]，即不同的教材文本蕴含了如何让学习者接受的教育逻辑，使学习者通过文本这一媒介达成对教材内容的理解与消化。明清教材文本面向的学习者是多样化的，有迷糊中的孩童、待考功名的知识分子，也有安身立命的百姓，这产生了教材文本如何组织的问题。对这个问题的不同认识形成了不同版本的教材，正如明清教材中的《声律启蒙》与《训蒙骈句》，虽然都是为儿童修辞训练所用，但各有侧重，前者侧重分清平仄，记住韵部，后者更侧重于对仗，为作好诗文建立根基。

教材文本是各类知识的载体，文本不仅展示了知识，还蕴含着探究知识的过程与方法，部分甚至成为继续探究新知识的原材料。这说明，文本不仅仅是文本本身（作为知识本身），还展示着文本如何被学习者解释与理解、传承与创造的可能性。在具体的教育实践中，教材文本既是个体心理化的产物，也是具体情境中的产物。在不同的环境或不同的个体与之交汇的过程中，即使是一个字或一个符号，也会产生有差别的理解：如数字“1”，在数学教材文本中，在不同的语境中有可能被理解为“页码”“序号”“数字”或“公式”“练习题”等多种意义；不同年龄阶段的学习者的理解也有所不同，婴幼儿不会因彩图中的“1个苹果”文本产生对“1”数值的理解，而只能对苹果的颜色产生相应感觉，“1”不是作为一个“数值”的概念呈现出来，而低学龄儿童会对课本中的数字“1”的敏感度更强，因为那是他刚刚习得的重要概念或定义。总之，个体认知会根据个体经验与程度形成属于自己独特的理解，个体并不能清晰地意识到这种“经验”与“程度”只是属于自己的“前判断”，与此同时，文本呈现什么或不呈现什么，或呈现这个线索而不呈现其他线索，个体在知识的学习和探索过程之中好比“洞穴之喻”中的野蛮之众。因此，教材文本价值若要实现知识呈现基础之上的价值超越，结合学习者认知建构的逻辑是教材文本的基础性要求。

早期的课程论如学科中心课程论为教材文本如何走向学习者的认知结构提供了知识建构的基础，这一基础体现在学术性、结构性、专门性三方面。学术性即可教性、教授性；

① 石玉．如何评价教科书文本内容的真假与去留？——教科书文本类型学初探［J］．教育科学研究，2019（07）：71－76．

② 漆涛．隐于教材背后的儿童［J］．教育发展研究，2015（02）：53－60．

专门性即某类知识的专业化，以体现各学科领域的内在逻辑；结构性指学科的探究方法和态度。这是认知建构的前提。建构主义阐释了认知的建构性原则，有力地揭示了个体认知的能动性，这已经在教育界产生了深远的影响，特别在20世纪的课程论、教学论领域。实践性课程开发理论提出“追求实践兴趣”，即通过与环境的相互作用而理解人类的基本兴趣；“概念重建主义课程范式”力促从“课程开发范式”向“课程理解范式”的转变，提出课程理论知识不能脱离人的意义和主体之间的交流过程，提出课程是“具体存在的个体”的“活生生的经验”或“存在体验”，是个体的“自我知识”，个体在本质上是知识与文化的创造者，而不是知识与文化的接受者，个体有对“自我履历”进行“概念重建”的能力，个体通过这种“概念重建”，意识水平不断提升，最终达到人的自由与解放。

教材知识（文本）是一种关于某种现象的较为可靠的解释或假设，学习者对知识（文本）的接收，只能由他自己来建构完成，以他们自己的经验为背景，来分析知识的合理性。理想的教材文本可以将认知建构的逻辑拓展至更大的范畴。要有利于学习者在原有生活经验的基础上自主建构知识并丰富知识，实现对生活理解的变革、升华或改写，从而出现新的解释和假设，并在某个具体问题上对原有知识进行再加工或再创造，要有效避免教育者因个人经验差异而隐匿某一部分内容，从而在保持教材文本可读性的同时，确保教材框架的合理性。

因此，教材文本应关注如何将学习者置于更大范畴的历史背景之内，使学习者对历史和现在的差异产生探究欲求，在不经意间打开历史之窗。以学习者欲求为基础的教育意图或教育内容呈现不仅能为整个章节立意，塑造主题，而且给予了学习者对某个领域进行探索与思考的原点。在展示具体的内容上，文本的内容呈现序列也应遵从学习者的探究欲求。文本要恰如其分地显示生活中的真实场景以及可解决的方法，不能提出直接的要求而简化个体如何表达的部分，特别是基础教育课程文本，不能给予过多抽象的概念，而忽略文本应有的情节，要尽可能地将文本内容迁移到真实的生活场景中，没有压抑或伪饰，表达真实而自然，能够还原风俗道德形成与显现的过程，文本所呈现的内容要与他们的日常生活、工作甚至未来时空都有着清晰的连接。

比如，基础教育教材文本不仅是教师的工具书，更重要的是作为儿童阅读的主要来源。因此，这类教材文本的物理特征与内容标准化不是其主要的特色或优势，更大的优势在于其文本框架、文本内容与表达范式的优越性，看其是否符合儿童的阅读规律。总体而言：文本主题框架使教材成为基于个体生活的百科读物，明示了个体走向丰富与开放；内容布局能成就基于个体意愿的心理建构，引领个体走向理智与思辨；文本表达范式要遵循自然法则，以隐喻加明示的双重性、序列性展示基于个体视域的语言范本，示范个体成长的必经之路。应该说，文本的主题框架、内容布局、表达范式都是完善教材文本认知建构的切入点和关键点。学习者的主体性不是教育者仁慈地赋予他们的，而是他们作为学习者天然具有的①。作为儿童接触最多的文本，基础教育教材文本应该为儿童成长提供全面营

① 陈琦，张建伟．建构主义学习观要义评析［J］．华东师范大学学报（教育科学版），1998（01）：61—68.

养，最大程度地呈现出教育的智慧。要使“儿童”走向具体的教材实践，不但需要以儿童为视角分析教材基本问题，还需要将儿童和教材置于课程的范畴并在具体的情境中加以讨论[①]，这是拓展教材文本价值的认知逻辑。

第三节　“教育性”落地图景：本土化

明清教材文本经历了2000多年的封建伦理渗透，也受益于千百年来中国古代先贤圣儒的注释训诂与考证汇编，诸子百家思想论及的孝悌忠信、礼义廉耻、仁者爱人、与人为善、天人合一、道法自然、自强不息等中华传统文化烙印均在其中。明清教材文本也正是基于这样深厚的文化根基而具备了卓越的教育性，成为教育经典。

“优秀传统文化是一个国家、一个民族传承和发展的根本，如果丢掉了，就隔断了精神命脉。”理想的教材文本应该是作为国家和民族文化代际传承的一个重要载体和工具，依此实现文化繁荣与个体发展的彼此成全。事实上，教材文本如何本土化是老生常谈的问题，也是目前多民族国家在民族教育政策、教材编写政策中经常需要面对的问题，但落地的成果较少。有研究指出，目前所使用的教材都存在“中华共同文化”的缺失[②]，表现为文化疏离的倾向。这种疏离以文化遮蔽、文化锁定、文化装点的形式出现，它使得教学中文化意蕴逐渐减少，甚至走向文化的反面[③]。文化疏离的持续存在会通过教学改变师生的生存模式，使得教学生活出现观念的摇摆与精神平庸的困境。这一困境可作为一种改革的契机，成为我国新时代教材改革与创新的突破口。根据课程与教学论本土化的原理，传统的现代化、外来的中国化、实践的理论化和范式的本土化是“本土化”的主要内容[④]，而“传统的现代化”就是教材理论本土化的方法论之一。如何使教材文本根植于中国本土文化，进一步拓展教材文本的教育性，明清教材文本提供了革新的视野，可通过语言风格、文化素材以及所指向的内容而具体展开。

一、语言风格：文以载道

要充分借鉴明清教材的文本特征。以经义类教材为例，虽然文本十分简短，甚至互不连贯，如《论语大全》每一段只包含几个字，各段之间也没有联系，经义类教材中《老子》全书篇章只有约五千字，相当于当代期刊上一篇论文的篇幅，但这些文本将格言、警句、比喻、历史事例穿插在对话与义理之中。纵观这些经义类教材文本，中国哲学家和教

① 漆涛．隐于教材背后的儿童［J］．教育发展研究，2015（02）：53－60．
② 崔珂琰．中国近现代少数民族教科书政策研究［M］．北京：知识产权出版社，2017．
③ 张金运．课程知识的文化性研究［D］．陕西师范大学，2019．
④ 张传燧，石雷．论课程与教学论的本土化［J］．教育研究，2012（03）：82－86＋91．

育家们正是用这样的方式表达思想，尽管语言如此不清晰，而其中所含的暗示几乎是无限的，[①] 学习者在吟诵时能从字里行间会意，简短的语言不在于它的固定含义，而在于它的暗示，引发学习者领悟道理，是以特定的文本组合来阐发其哲理，即“文以载道”。

古人对于“文”（语言文字之学、辞章之学）与“道”（思想）的关系非常重视，“道”是根本的，正确的“道”必须有高明的“文”来阐发、传播，也必须通过“文”来理解，二者不可分也不可偏废。[②]“文以载道”“文以明道 ”“文经贯道”，这是明清教材独树一帜的文本特征，值得当代重新审视作为教材文本的“文以载道”的重要价值。处于知识社会中的教育目的不是愈加强大的接受和记忆能力，而是在洞察知识的过程中体验到知识的社会功能和精神意义，从而具备能够适应终身发展和社会发展所需要的必备品格和关键能力。也就是说，教材文本只有负载“道”的意义，才能有助于培养学习者的核心素养，教材文本才能在提升学习者的人文底蕴、科学精神、学会学习、健康生活、责任担当、实践创新等方面做出更多的努力，以自我革命的精神，将在原来的过度西化的教育革命中丢失的部分找回来，找回“文”中必要的“道”。

教材文本在本质上仍是关于事物的言说。如果把文本作为一种关系性、过程性的存在，那么教育就要求具有复杂性、情境性，是存在于关系、过程中的范式。明清教材文本强调了文本与读者之间的关系，在阅读吟诵之间让其感悟到“道”的存在，储备对“道”的先见之明，或者可以说，夯实了人文基础。从这个层面分析而言，文本所呈现的即是一种关系性、过程的存在，从而使这些文本在被接触或吟诵的同时，在具体的、特定的、复杂的生活情境中生成文本意义、教学意义，生成适应学生生命成长、技能发展所需要的学习内容，这是在现代教育理念下显现出来的明清教材编撰者或之前的编撰者秉持的教材观。可以说，明清时期的具体教育场域中的“强制”是显性的，甚至是简单粗暴的，但教材文本的隐喻与诗意正是在这种“强化吟诵”的教育空间里得到了更多生长的契机与空间，因为在很多时候，学习者会迫于日常生计与政治前程而去反复地吟诵，从而使学习者近距离地感受到这些伟大的诗人与圣贤，他们行走在天地之间，春华秋实、夏虫冬雪，都无不诗意地呈现在教材文本之中。明清教育的繁荣表面是强制或惩戒的专制教育体制的功劳，殊不知，文以载道的明清教材文本给予了学习者完美的教育艺术与智慧。

20 世纪以来，教育科学的崛起着眼于对学校教育的有效控制，现代教育受“技术理性”支配并追求“技术理性”的教育，课程日益成为单一化、同质化的“制度课程”，相应的教材也成为标准化、同质化、简略化的文本，课程即是教材，教学即是内容传授。[③]研究西方哲学的学者孙周兴指出，由亚里士多德奠基的传统演绎逻辑是晚出的，是哲学时代和科学时代的产物。“到了后来的哲学时代和科学时代，人类的推理能力日益强壮，心灵的反思功能日趋强大，而想象力或感觉力却渐渐萎缩了。”[④] 这与科学时代的语言指令

① 冯友兰. 中国哲学简史［M］. 赵复三，译. 北京：生活·读书·新知三联书社，2009.

② 张志公. 传统语文教育教材论——暨蒙学书目和书影［M］. 北京：中华书局，2013.

③ 张华. 课程与教学论［M］. 上海：上海教育出版社，2000.

④ 孙迎光，孙菲. 诗意德育 修订本［M］. 上海：上海三联书店，2017.

性、规定性、程序性、技术性等话语阐述有关。在诗性语言时代，话语以表达丰富，融入情感的生成性、阐释性、情境性、描述性等语言为主，语意转换使一个百花齐放、多元共存的课程话语体系得以形成[①]。而一个个极具象形表意功能的方块字组成的明清教材文本，实际上是传统文化、社会历史、民族心理、思维方式的表达与建构，语言本来就是教育的家，教育的艺术就藏身在语言里，被包裹在语言之中。北宋张载就指出，人的知识分为两种，一种是“见闻之知”，一种是“德性所知”。[②] 知识具有多维价值，不仅反映在认知发展上，也反映在情感陶冶、精神化育之上。知识运载着人类在探究知识的过程中所表现出来的精神气质、审美情怀和价值追求。[③] 因此，文以载道的语言风格应回归到各阶段各类教材文本之中，而不应该舍本逐末，将最好的文本浓缩为基础教育语文课本里的“古文欣赏”，作为附录的“名著赏析”而存在其中。

二、文本扩展：由博返约

我国古代思想家均重视“博学”，用一贯之道去驾驭广博的知识。孔子的“博学于文，约之以礼”，孟轲的“博学而详说之，将以返说约也”，荀况的“兼陈万物而中悬衡焉”[④]，这说明广博要有一个标准去衡量，加以取舍。朱熹总结为“熟读精思”，荀况认为年少时记忆力强要多吟诵，到了壮年要多议论，否则就不会有成就。荀况还谈到了浅与博的关系，浅近的知识可以说明博深的道理。这些观点都为如何实现教材文本扩展提供了方法论指导。

作为教材文本，借用德育研究的观点，不能把透过现象看本质的方法作为唯一的教育研究方法，以至于离开了“教育现象”，教育研究就无入手处，这使教育研究完全忽视了事物的显隐联系。[⑤] 教材文本提供的知识是带有普遍性的，但并不等于就要求将其抽象化与简约化，甚至无法落实到具体的和教育有关的现象之上来。在部分基础教育教材中，只是向学习者呈现了一个结论性事实，要求学生学习所要传递的伦理道德和价值观，而一些具有道德张力的素材则呈现得比较少。[⑥] 在这种文本的认知过程中，由于删减了进阶性的认知过程，缺乏个体的道德抉择与道德体验而使教材文本的教育性不强。

以我国教育科学出版社《品德与社会》中关于家庭教育以及核心的伦理“孝”为例。在1—6年级12本教材的1000多页的文本中（每本不到100页），涉及“家庭”的页面仅23页：其中一年级上册第44—48页[⑦]，以“爱”为主题；二年级下册第22—24页[⑧]，以

① 冯加渔．课程研究的语言转向［J］．全球教育展望，2012（08）：20—24．
② 苗建荣．见闻之知：儒家知识论的经验之维［J］．自然辩证法研究，2019（04）．
③ 辛继湘．课程评价改革的当代知识论基础［J］．课程·教材·教法，2005（06）：17—20．
④ 毛礼锐．儒家的“教学论”初探［J］．北京师范大学学报，1979（06）：61—69．
⑤ 孙迎光，孙菲．诗意德育 修订本［M］．上海：上海三联书店，2017．
⑥ 石鸥主编，张增田副主编．教科书评论［M］．北京：首都师范大学出版社，2014．
⑦ 义务教育课程标准实验教科书．品德与社会（一年级下册）［M］．北京：教育科学出版社，2015．
⑧ 义务教育课程标准实验教科书．品德与社会（二年级下册）［M］．北京：教育科学出版社；2016．

“对祖辈的照顾”为主题；三年级上册第15—25页①，三年级下册第18—19页②，均以“家庭日常生活”为主题。首先，关于家庭教育的内容仅23页，仅占千分之二十三，数量偏少。其次，这些文本以“爱”“理解”“感恩”为关键词，阐释了家庭生活的美好场景，但对家庭伦理核心的“孝”没有明确，对家庭中的“爱”的介绍也比较抽象和直白。如三年级上册共11页的文本与图画中：第15页强调了长辈对儿童的“爱”，第16页、18页强调了母亲这个角色为儿童的付出，第17页强调了与爸爸之间的约定，第19—20页强调儿童要体谅父母，为家庭分担，第21—22页强调要与父母沟通，第23—25页提及了儿童要懂得关心父母，整篇没有要求或没有明确如何在日常生活点滴中实施这些与“爱”有关的行为或态度，或者对于如何为家庭之“爱”的素材展示比较空泛，对于“孝”的内涵与价值没有提及，“孝”作为中国家庭文化的核心在无形中转化为“爱”“感恩”“理解”和“沟通”，以“孝”为基线的家庭生活准则转换为了比较笼统的情感体验，或在某种情况下只是呈现了一个比较抽象的概念——在某些情况下，儿童是无法领会“理解”与“沟通”的具体内涵和实践运用的，“孝”作为中华民族千百年来家庭契约的重要内容被取而代之。现代人知道“孝”，有“孝”才有“爱”，但失去了对“孝”的敬畏与认同，“孝”成为被赞赏、要提倡的道德行为，而不再是作为一种代际相传的本土生活范式，“孝”的权威性处于被消化或替代的过程之中。这种现状对当代教材编撰无疑是一种预警。严格来讲，只有把一种知识转化为一种态度，转化为一个个具体的行为，受教育者才算是通过接受人文教育而有了教养，而如何将知识有效转换为态度与行为，从而积淀起真正的人文素养和道德规范，需要有更多广博而翔实的文本予以支撑。

根植在中国本土文化上的教材体系必定要包含更多更好的素材，而中国古代文化及经典就是最主要的源流。如何让学习者走近中国上下五千年历史文化，从而让学习者了解和尊重历史，形成对历史价值的理解，从而实施民族传承与文化创新，在这个重大问题上没有任何捷径可行。针对当下教材文本过于精简的现状，走向广博才是改革的路径。纵观其他国家的教材，其丰富性值得借鉴。以美国社会科学一年级教材为例，《Time links》G1（一年级）教材共分为文化、地理、历史、经济、公民五个单元。每个单元有50多个页面，包括探究大主题、人物、地方、事件、地图技能、图表技能、全世界、公民化、阅读者剧场九大模块，整体的主题构架是一个系统的基于儿童成长的丰富素材库。犹记得20世纪80年代，新学期发教材是研究者在乡村小学最期待的事件，一旦拿到手中，都会在第一时间打开阅读，但遗憾的是，每本书都很单薄，不到一个小时就已经全部看完，只能期待下一个学期了。作为最重要、最特殊的文本，教材文本应遵循由博返约的原则，即在“博”的基础上实现“约”，如此这般方能促成学习者对知识的内在理解与实践运用。

总之，新时代教材文本的丰富必然要从中国古代教材中寻求源流。在融合与转化的过程中，要尽量处理好传统与现代、本土开发与国外借鉴的关系。教材文本的丰富及拓展既

① 义务教育课程标准实验教科书．品德与社会（三年级上册）[M]．北京：教育科学出版社，2014.

② 义务教育课程标准实验教科书．品德与社会（三年级下册）[M]．北京：教育科学出版社，2014.

需要“他山之石”，更需要本土文化资源的自觉探索与革新改造。明清教材文本教育性是以内容取胜，律法强制和家规伦理所构建的特殊教育场域使反复的诵读与吟唱成为可实现的学习行为。在此前提下，明清教材的教育性才有了生长的文化土壤和生存的教育空间。从这一点而言，明清教材仅胜于文本的内容创作及其“议程设置”，这是因为，如果将其直接移植到当代的课程或课堂之中，缺少了强制的教育生态，明清教材中最好的文本也无法避免曲高和寡的风险。新时代科技迅猛发展，知识可以瞬间被复制与传播，知识不再成为垄断性的资源，教材的形式也不仅限于竖排的文字；掌握更多的知识也不再是选才用才的重要标准，核心素养的均衡发展成为教育的目的。因此，明清教材文本的教育性在当代是无法直接落地的，时代变迁使其既有得天独厚的优势，但也存在先天不足，对明清教材予以批判性继承与创造性转化是当代教材改革与发展的科学路径，这需要经历一个漫长的探索与实践的过程。

第七章　研究结论

中华文化源远流长、灿烂辉煌，明清教材体系承载了中华民族五千年以来的文化密码，其首要的角色是作为中华文化经典，其次是作为各类学校教育的教材。从文本考察的角度来研究明清教材，是源于对中华文化经典的信奉与敬畏，有时候甚至需要绕过其深邃的义理，只能运用后来居上的教育理论来找寻找教材的文本特征。本书分析了明清教材的嬗变与发展，梳理了明清期间各类学校使用的教材，并结合教材的具体文本，考察了明清教材的知识体系，解读了明清教材的文本教育性，并探讨了现实价值。全文希望通过这样的方式来深化明清教材研究，从而更进一步靠近中国古代教育家们的教育理念与教育实践，为新时代教材建设寻找理论改革与实践创新的路径。

第一节　主要观点

明清教材是善于“说理”的。作为教材，五千年的文化史，两千多年的朝代更迭，千百年以来的先贤圣儒、志士名家，都成为明清教材体系里永不会耗竭的内容和素材，显示了卓越的教育性。明清教材也善于“选史”，鲜活的人物、生动的事件、雄辩的对话．深邃的义理无不使学习者或吟诵者信服甚至于膜拜，有效拓展了教材功能，历史也证明，明清教育发展曾使近六百年的明清王朝几度辉煌，明清教材发挥了应有的政治、文化与教育功能，成就了中国教育历史长河中永恒的教化经典。

一、明清教材是中华传统文化的集中表达

本书整理了自明太祖建立明朝开始，至清代鸦片战争爆发期间（1368—1840 年）中央官学、地方官学、主要书院、蒙学所使用的主要教材，共计 80 余本。其中：官学教材以经义类、律政类、礼制类、告诫类、文体类、军事类、科技类教材为主；书院派教材各具特色，各以理学、心学、实学、考据为宗；蒙学教材以基础识字类、伦理规范类、名物典故类、诗歌作文类教材为主。各类别教材名称、版本与编撰者见附录。

研究进一步发现，明清教材知识门类丰富，述说翔实，最大程度地包含了明清时代的全部“知识”，对人文、经义、诗词、韵文、礼制、法律、文体、社会、自然、技艺等知识进行了生动的呈现。在明清时期，学校教材几乎囊括了所有经典，使教材群像与政治思想文化生活实现了有效融合，是中华传统文化的集中表达，教育即文化与生活，文化与生活即教育的全部。研究认为，明清教材文本与中华传统文化的和谐贯通性，与其所在时代相匹配的对知识的全面承载性，都应当成为当代教材建设与发展的逻辑起点。

二、明清教材展示了理想教材的基因模型

研究认为，明清教材具备“丰富的展现”“朴素的说理”和“诗性的表达”等相生相连的文本特征，文本具有教育性。这种卓越的教育性被放置于明清“强化吟诵”的教育空间里，使学习者获得了更多的人文启蒙与成长契机。

在对教材文本具体分析的基础上，研究进一步认为：明清教材文本凭借丰富存量引领学习者走向整合的生活、生动的实践以及意义的生成；文本内容基于个体心理成长而合理布局，是基于百家之言的朴素说理；诗性的表达与隐喻的展现给予了学习者更加广泛的知识空间，展现了“活性”的知识，从“知识存量”“表达呈现”与“接受逻辑”三个层面示范了教材文本如何才能面向真实的教育实践，为新时代教材建设提供了理想教材的基因模型。研究认为，理想的教材文本应注重建构“活性的知识”，对“知识体系”“表达呈现”“接收逻辑”三个基因链予以持续的优化。

三、明清教材文本教育性的现实价值

研究认为，明清教材文本在“死记硬背”式的明清教育背景下，超越了教育者作为知识的权威性，也超越了作为教学“参考”或知识“标准”的教材功能，面向了学习行为的多个场域，产生了与他者的多重价值。无论是在与明清时代学习者的遇见之中，还是在有先生、夫子在场的教学相长的过程中，都有助于扶持学习者理解身处的那个时代的整全的生活，有助于实践那个时代所诉求的生存模式或理想抱负，也有助于在字里行间获得属于个体的人生意义，这对新时代的教材建设与创新具有重大的借鉴意义。

研究认为，鉴于明清教材的文本教育性，新时代教材建设要主动走向以客体价值为核心的价值超越，教育生态是价值超越的藩篱，认知建构是价值超越的逻辑。研究还指出，明清教材文本不能简单地转置于当下，否则再卓越的教育性也会有曲高和寡的风险，对其予以批评性继承、创造性转化与创新性发展需要一个长期的不断探索的过程，其中，“文以载道”是中国文化一贯的文本表达方式，应予以适当回归，“由博返约”是中国教育的有益经验甚至是方法论应予以应用，新时代的教材若决意向中国古典文化靠拢，物化形态上的由“薄”向“厚”转化是“最经济”的教材本土化路径。

四、明清教材的时代局限

研究认为，对明清教材的整体认识，应从两个层面来进行分析。一方面是在明清社会文化背景下，明清教材作为国家意志、民族文化、社会进步和科学发展的集中体现，是否实现了明清统治者既定的培养目标，它作为教材是否满足了明清时期教育价值关系的要求。从这点而言，明清教材作为“教材”的角色堪称卓越。另一方面是要理清明清教材的历史站位，明清教材传递了什么样的知识，培养了什么样的人，即以发展的视角来对其进行衡量或评价。在这个层面，明清教材有着先天的局限性。

明清教材体系以程朱理学为指导思想，尽管陆王心学曾一度兴起，但也在清代复归于理学。以理学为宗的明清教材体系将封建统治阶级的政治原则和伦理道德本原化、具体化，论证了封建统治秩序的永恒性，号召人们绝对遵守纲常教条。与此同时，科举选才使明清学校成为科举的附庸，明清教材也成为科举评价的核心标准，导致天下士子无不追踪程朱足迹。研究认为，以理学为宗的明清教材体系，贯穿其中的封建专制政治和价值观念是其根本局限，应予以辩证的认识，给予理性的批判与摒弃。如官本位、保守主义、平均主义、重男轻女、重农轻商意识、人情观念、地域观念、重人治轻法治制等。在对具体的生活与实践描述上，明清教材也展现了大量的错误或不恰当的教育方式与内容，如《女儿经》等女性教材对女性言行的损害性要求，《孝经》《四书大全》等教材中近乎“愚”的孝行规矩，《弟子规》等教材对儿童言行的过度控制等。与此同时，需要辩证地评价教材内容的知识分布。从内容重要性来看，教材内容还是以“经”为主，其他类别的知识尽管极尽其有，完整地展现了那个时代所能达到的水平，但由于社会历史局限性，数量相对较少，且比较粗浅。

总体而言，明清教材隶属于明清时代，与明清时代血脉相连，简单剥离或移植的明清教材是无法在这个新时代落地生根的。明清教材得以存在并展现其魅力的教育时空已不复存在，明清教材所培养的中国传统知识分子品行端正、知识渊博，也并非这个新时代所需或所求的全部素养。作为封建王朝的衍生之书，明清教材的局限性与生俱来，这一点是务必要予以明确的。

第二节　研究创新与不足

一、创新之处

教材是一种独特的文本，既是要求教育者参照的教学文本，也是学习者最为关注且被赋予了权威的文本。明清教材是丰厚的，直面尘封的明清教材的一字一句，能轻易地找到中国当代图书的源流与脉络。相比明清教材浩瀚的知识存量，已经转化为当代教材的内容不过是其中的淡月疏星，即使我们阅读完所有的白话本，都远不及其原本的厚重与深邃。这些经过千百年沉淀的教育瑰宝，必定是存在可以明示当下智慧的。本书以考察文本的方式研究明清教材，是希望实现中国古代教材在研究对象、方法、过程以及观点上的创新。

（一）研究对象创新

本书系统地研究了明清教材。研究在全面搜集和整理史料的基础上，全景似地呈现了明清教材的形成背景、发展特点、教材源流、教材内容、知识体系、文本特征以及借鉴价值，是一项以明清教材为专门研究对象的研究。在中国教育史和中国学校教材史或学校教材研究领域实现了研究对象的突破与创新。

（二）研究过程与方法创新

本书在整理明清教材的基础上，理清了明清教材的知识体系与文本特征。在研究的过程中，面向了每一本具体的教材，细化到文本中具体的人物、事件、植物、器具、名物、称谓、言行等文本，并进行了分类描述，呈现出明清教材广袤的素材资源；与此同时，对教材的文本特征分析也是配以大量的文本例证。总体来说，研究是围绕具体的教材文本而展开的，这是对教材研究的具体过程和方法的突破，也是对中国古代教材研究的过程和方法的突破，具有一定的创新价值。

（三）研究观点新

本书以当代教材评价最新研究成果作为理论依据，研究了明清教材作为客体与他者的关系与价值，重点关注了明清教材的文本教育性，探讨明清教材的文本教育性的现实意义，并由此构建了具有中国本土特色的“活性知识”的教材文本基因模型，提出新时代的教材建设应向以“教育性”为核心的多重价值转变，“文以载道”“由博返约”作为中国古代教材的优势应予以传承和发扬。总之，研究结论为如何实现中国古代教材的创造性转化和创新性发展提供了可行的改革路径，对中国古代教材的研究也遵循了“走进去并走出来”的研究范式，研究结论具有一定的创新的价值。

二、存在的不足

在本书中，存在这样一些不足：

一是体现在文本分析上。研究聚集教材的教育性，社会学及政治学视角有所欠缺，或缺乏更深入的解读，研究视角偏向于单一。

二是体现在部分研究结论上。从教材学视角来探讨中国古代教材兼经典，尽管是将经典放置于教材这个角色上，但由于个人研究经验尚浅，有研究不够全面的风险，部分研究结论还有待接受相关领域权威的评估。

三是对明清教材的研究还有待进一步深入。对明清教材文本的考察只是处于初级阶段的分类与整理之上，对其所具备的教育内涵也缺乏更深刻的剖析，拟在后续的研究中结合具体的领域或学科继续探讨。

最后，谨以钱穆先生的原文结束全文，以重申明清教材给予新时代教材建设的重大现实意义："……不像花瓶里的花，可以随便插进就得。我们的文化前途，要用我们自己内部的力量来辅救。西方新科学固然要学，可不要妨害了我们自己原有的生机，不要折损了我们自己原有的活力。能这样，中国数千年文化演进的大目标、大理想，仍然可以继续求前求进求实现。"①

① 钱穆. 中国文化史导论［M］. 北京：商务印书馆，1994.

主要参考文献

[1] 冯友兰. 中国哲学简史 [M]. 赵复三，译. 北京：生活·读书·新知三联书店，2009.

[2] 石中英. 教育哲学 [M]. 北京：北京师范大学出版社，2007.

[3] 钱穆. 中国文化史导论 [M]. 北京：商务印书馆，1994.

[4] 保罗·利科著，J. B. 汤普森编译. 诠释学与人文科学：关于语言、行为与解释的论文集 [M]. 孔明安，张剑，李西祥，译. 北京：中国人民大学出版社，2012.

[5] 约翰·杜威. 民主主义与教育 [M]. 王承绪，译. 北京：人民教育出版社，2019.

[6] 冯天瑜. 明清文化史散论 [M]. 武汉：湖北人民出版社. 2018.

[7] 刘铁芳. 什么是好的教育——学校教育的哲学阐释 [M]. 北京：高等教育出版社，2014.

[8] 黄甫全主编. 现代课程与教学论学程 [M]. 北京：人民教育出版社，2006.

[9] 张传燧主编. 课程与教学论 [M]. 北京：人民教育出版社，2018.

[10] 张华. 课程与教学论 [M]. 上海：上海教育出版社，2000.

[11] 靳玉乐. 新课程改革的理念与创新 [M]. 北京：人民教育出版社，2003.

[12] 喻本伐，熊贤君. 中国教育发展史（第二版）[M]. 武汉：华中师范大学出版社，1991.

[13] 张传燧. 中国教育史 [M]. 北京：高等教育出版社. 2019.

[14] 王炳照，郭齐家，刘德华，何晓夏，高奇编. 简明中国教育史 [M]. 北京：北京师范大学出版社，1994.

[15] 黄仁贤编著. 中国教育史 [M]. 福州：福建人民出版社，2003.

[16] 曲铁华编著. 中国教育发展史纲 [M]. 长春：东北师范大学出版社，2006.

[17] 白寿彝总主编；陈得芝主编. 中国通史 第8卷 中古时代元时期 上 第2版 [M]. 上海：上海人民出版社，2013.

[18] 石鸥主编，张增田副主编. 教科书评论 [M]. 北京：首都师范大学出版社，2014.

[19] 吴康宁. 教育社会学 [M]. 北京：人民教育出版社，1998.

[20] 耿红卫. 中国语文教育史教程 [M]. 济南：山东教育出版社，2013.

[21] 吴洪成. 重庆的学校 [M]. 重庆：西南师范大学出版社，2008.

[22] 崔珂琰. 中国近现代少数民族教科书政策研究 [M]. 北京：知识产权出版社，2017.

[23] 张志公. 传统语文教育教材论——暨蒙学书目和书影 [M]. 北京：中华书局，2013.

[24] 陆养涛. 中国古代蒙学书大观 [M]. 上海：同济大学出版社，1995.

[25] 张隆华，曾仲珊. 中国古代语文教育史 第 2 版 [M]. 成都：四川教育出版社，2000.

[26] 李嘉瑶. 教材学概要 [M]. 西安：西北工业大学出版社，1989.

[27] 李坤. 教材建设与管理 [M]. 北京：国防工业出版社，1993.

[28] 曾天山. 教材论 [M]. 南昌：江西教育出版社，1997.

[29] 石鸥，吴小鸥编著. 百年中国教科书图说 1897—1949 [M]. 长沙：湖南教育出版社，2009.

[30] 石鸥，吴小鸥编著. 百年中国教科书图说 1949—2009 [M]. 长沙：湖南教育出版社，2009.

[31] 高凌飚. 基础教育教材评价：理论与工具 [M]. 北京：人民教育出版社，2002.

[32] 陈月茹. 中小学教科书改革研究 [M]. 北京：教育科学出版社，2009.

[33] 孔凡哲，张怡. 教科书研究方法与质量保障研究（第二版） [M]. 长春：东北师范大学出版社，2015.

[34] 孙雪亮. 高校教材管理实务 [M]. 上海：复旦大学出版社，2010.

[35] 瓦季姆·鲁德涅夫. 20 世纪文化百科词典 [M]. 杨明天，陈瑞静，译. 上海：上海三联书店，2013.

[36] 熊承涤. 中国古代学校教材研究 [M]. 北京：人民教育出版社，1996.

[37] 吴洪成. 中国教育史研究 中：中国学校教材史 [M]. 重庆：西南师范大学出版社，1998.

[38] 邓洪波. 中国书院史 [M]. 上海：中国出版集团东方出版中心，2004.

[39] 谢灼华主编. 中国图书和图书馆史 修订版 [M]. 武汉：武汉大学出版社，2005.

[40] 林伯桐撰，陈沣补. 学海堂志 [M]. 台北：广文书局有限公司，1971.

[41] 赵传仁，鲍延毅，葛增福. 中国书名释义大辞典 [M]. 济南：山东友谊出版社，2007.

[42] 思履主编. 国学知识大全 [M]. 北京：中国华侨出版社，2014.

[43] 顾明远. 教育大辞典 增订合编本 [M]. 上海：上海教育出版社，1998.

[44] 李修生，朱安群主编. 四书五经辞典 [M]. 北京：中国文联出版社，1998.

[45] 张蕊. 古代大学教材《诗经》教本考论 [M]. 北京：北京出版社，2007.

[46] 田培栋. 明史披拣集 [M]. 西安：陕西出版集团，2011.

[47] 白寿彝总主编；王毓铨主编. 中国通史 15 第 9 卷 中古时代 明时期 上 [M]. 上海：上海人民出版社，2015.

[48] 何晓明. 中华文化事典 [M]. 武汉：武汉大学出版社，2008.

[49] 叶汉声. 国学经典导读 [M]. 长沙：湖南师范大学出版社，2015.

[50] (明) 胡广等撰；孔子文化大全编辑部编. 性理大全 [M]. 济南：山东友谊书社，1989.

[51] 罗大乐. 中国法律文化萃编 [M]. 山东人民出版社，2014.

[52] 中国大百科全书出版社编. 中国大百科全书——中国历史 [M]. 北京：中国大百科全书出版社，1994.

[53] 陈国庆，刘莹. 中国学术思想编年 (明清卷) [M]. 西安：陕西师范大学出版社，2006.

[54] 张晋藩. 中华法学大辞典：法律史学卷 [M]. 北京：中国检察出版社，1999.

[55] 周发增，陈隆涛，齐吉祥主编. 中国古代政治制度史辞典 [M]. 北京：首都师范大学出版社，1998.

[56] 王利器. 颜氏家训集解 [M]. 北京：中华书局，1993.

[57] 刘雨婷. 中国历代建筑典章制度 下 [M]. 上海：同济大学出版社，2010.

[58] 首都图书馆. 首都图书馆藏国家珍贵古籍图录 [M]. 北京：国家图书馆出版社，2013.

[59] 杨宗红. 理学视域下明末清初话本小说研究 [M]. 广州：暨南大学出版社，2016.

[60] 方勇主编；程翔评注. 说苑 [M]. 北京：商务印书馆，2018.

[61] 梦远编. 国学知识全知道 超值典藏白金版 [M]. 北京：中国华侨出版社，2013.

[62] 曲天立. 读百书 志千载 [M]. 北京：语文出版社，2015.

[63] 孙云龙，张玉阁主编；闫海，宋香谒副主编；王忠伟，赵亮主审. 中国教育管理思想史 [M]. 大连：东北财经大学出版社，2014.

[64] 叶德辉等撰，湖南图书馆编. 湖湘文库 湖南近现代藏书家题跋选 第 1 册 [M]. 长沙：岳麓书社，2011.

[65] 刘洪仁. 古代文史名著提要 [M]. 成都：巴蜀书社，2008.

[66] 翟文明编著. 国学知识全知道 [M]. 北京：中国华侨出版社，2015.

[67] 吴士余，刘凌主编. 中国学术名著大词典：古代卷 [M]. 北京：汉语大词典出版社，2000.

[68] (春秋) 孙武著；《图解经典》编辑部编. 图解孙子兵法 影响世界的中国谋略经典 [M]. 北京：北京联合出版公司，2015.

[69] 李会影编著. 中国古代科技发明创造大全 [M]. 北京：北京工业大学出版社，2015.

[70] 余源培. 哲学辞典 [M]. 上海：上海辞书出版社，2009.

[71] 赵文会.《明儒学案》研究 [M]. 哈尔滨：黑龙江人民出版社，2018.

[72] 卢德平. 中华文明大辞典 [M]. 北京：海洋出版社，1992.

[73] 鸿雁主编. 国学知识一本全 中国人必知的文化常识 下 [M]. 北京：中国华侨出版社，2012.

[74] 赵传仁，鲍延毅，葛增福. 中国书名释义大辞典 [M]. 济南：山东友谊出版社，2007.

[75] 徐状华编著. 中国典籍之最 [M]. 兰州：甘肃教育出版社，1987.

[76] 顾明远. 教育大辞典 8 [M]. 上海：上海教育出版社，1991.

[77]（春秋）孔丘著；（清）车万育著；王蔚主编. 论语·孝经·声律启蒙·增广贤文 [M]. 呼和浩特：内蒙古文化出版社，2007.

[78] 王忠民主编；《幼儿教育辞典》编委会编. 幼儿教育辞典 [M]. 北京：中国大百科全书出版社，2004.

[79] 刘英杰主编. 中国教育大事典 1840 年以前 [M]. 杭州：浙江教育出版社，2004.

[80] 徐林祥主编. 百年语文教育经典 第 12 卷 [M]. 上海：上海教育出版社，2017.

[81] 白金声编. 中国语文教育五千年 [M]. 北京：中国林业出版社，2016.

[82] 刘天振. 明代通俗类书研究 [M]. 济南：齐鲁书社，2006.

[83] 文杰，罗琳主编. 寓言鉴赏辞典 [M]. 北京：中国商业出版社，1991.

[84] 陈君慧主编. 蒙学大全 [M]. 哈尔滨：北方文艺出版社，2014.

[85] 谢保国. 中国古代语文教育史稿（上下册） [M]. 银川：宁夏人民出版社，2009.

[86] 劳汉生. 珠算与实用算术 [M]. 石家庄：河北科技出版社，2000.

[87] 林宏星.《荀子》精读 [M]. 上海：复旦大学出版社，2011.

[88] 杨生枝. 走进哲学世界 [M]. 西安：陕西人民出版社，2015.

[89] 李林楠. 阴影下的大帝 明太宗朱棣 修订本 [M]. 上海：上海书店出版社，2017.

[90] 何晓明. 中华文化事典 [M]. 武汉：武汉大学出版社，2008.

[91] 沈孟. 孟氏溯要 [M]. 沈阳：辽宁人民出版社，2017.

[92] 罗安宪主编. 中国孔学史 [M]. 北京：人民出版社，2008.

[93]（明）胡广，杨荣，金幼孜等纂修；周群，王玉琴校注. 四书大全校注（上）[M]. 武汉：武汉大学出版社，2015.

[94] 曾贻芬，崔文印. 中国历史文献学史述要 [M]. 上海：商务印书馆，2000.

[95]《中国军事史》编写组编. 武经七书注译 [M]. 北京：解放军出版社，1986.

[96] 葛少芸，付莹，孙双秀，等. 中国法律制度变迁研究 [M]. 兰州：甘肃民族出版社，2008.

[97] 李振宇. 法律文献学 [M]. 北京：中国检察出版社，2005.

[98] 熊寥. 中国陶瓷古籍集成（注释本）[M]. 南昌：江西科学技术出版社，2000.

[99] 张齐明译注. 增广贤文 [M]. 北京：中华书局，2013.

[100] 张立敏编注. 千家诗 [M]. 北京：中华书局，2012.

[101]（清）蘅塘退士编；赵昌平校译. 唐诗三百首全解 [M]. 上海：复旦大学出版社，2023.

[102] 吕华亮.《诗经》名物的文学价值研究 [M]. 合肥：安徽大学出版社，2010.

[103]（汉）刘向著，王瑛，王天海译注. 说苑全译 [M]. 贵州：贵州人民出版社，1992.

[104] 杨国荣. 成己与成物——意义世界的生成 [M]. 北京：北京大学出版社，2011.

[105] 南怀瑾. 原本大学微言 [M]. 上海：复旦大学出版社，2017.

[106] 胡真. 百家姓 [M]. 上海：上海古籍出版社，2014.

[107] 王应麟等编撰，黄秉泽校注. 三字经 百家姓 千字文 [M]. 济南：齐鲁书社，1998.

[108] 钱穆. 孟子研究 [M]. 上海：开明书店，1948.

[109] 杨晓明. 四书五经 现代版 [M]. 成都：巴蜀书社，2000.

[110] 陈亦编. 四库全书精解 [M]. 北京：中国华侨出版社，2018.

[111] 郭绍虞. 中国历代文论 [M]. 上海：上海古籍出版社，2001.

[112] 徐健顺. 普通话吟诵教程 上 [M]. 桂林：广西师范大学出版社，2018.

[113] 平凡. 明月松间 [M]. 北京：中国言实出版社，2018.

[114] 孙迎光，孙菲. 诗意德育 修订本 [M]. 上海：上海三联书店，2017.

[115] 南开大学图书馆编. 南开大学图书馆藏国家珍贵古籍图录 [M]. 天津：南开大学出版社，2015.

[116] 广东省立中山图书馆，广东省古籍保护中心编. 广东省第一批珍贵古籍名录图录 上 [M]. 广州：广东人民出版社，2012.

[117] 周连科主编；佟昭，王筱雯副主编. 辽宁文化记忆 珍贵古籍 上 [M]. 沈阳：辽宁人民出版社，2014.

[118] 李默主. 中国历史上的八大盛世时期 [M]. 广州：广东旅游出版社，2013.

[119] 马宁主编. 江苏第二批国家珍贵古籍名录图录 上 [M]. 南京：凤凰出版社，2010.

[120] 李兵，袁建辉. 岳麓书院国学文库 清代科举图鉴 [M]. 长沙：岳麓书社，2015.

[121] 于华刚主编. 中国书店藏珍贵古籍图录 [M]. 北京：中国书店出版社，2012.

[122] 江苏省文化厅，江苏省古籍保护中心编. 江苏第四批国家珍贵古籍名录图录 [M]. 南京：凤凰出版社，2014.

[123] 林祖藻主编. 浙江图书馆馆藏珍品图录 [M]. 杭州：西泠印社出版社，2000.

[124] 张慧楠译注. 幼学琼林 下 [M]. 北京：中华书局，2013.

[125] 高占祥，朱自强，张德林. 中国文化大百科全书·历史卷（上卷） [M]. 长春：长春出版社，1994.

[126] 龚笃清主编. 八股文汇编 上 [M]. 长沙：岳麓书社，2014.

[127] 龚笃清主编. 八股文汇编 下 [M]. 长沙：岳麓书社，2014.

[128] 孔凡哲，张怡. 教科书研究方法质量保障研究 [M]. 长春：东北师范大学出版社，2007.

[129] Chall J S, Conard S S, Harris-Sharples S. Should textbooks challenge students? The case for easier or harder textbooks [M]. Teachers College Press, 1991.

[130] 侯前伟，张增田. 论教科书评价的基本内涵 [J]. 教育研究，2017 (012)：76—81.

[131] 张增田，郭煜琪. 论教科书评价的主体性特征 [J]. 广西师范大学学报（哲学社会科学版），2018 (04)：129—132.

[132] 侯前伟. 教科书通用评价系统 CIR-FS 的研制与评估 [J]. 全球教育展望，2019 (11)：71—95.

[133] 侯前伟，张增田. 教科书中"知识建构"质量的评价标准设计 [J]. 湖南师范大学教育科学学报，2019 (05)：45—54.

[134] 侯前伟，张增田. 基于国际研究新进展的教科书"文本呈现"评价标准建构 [J]. 课程·教材·教法，2019 (01)：40—47.

[135] 李国钧. 明清蒙学教育述评 [J]. 华东师范大学学报（教育科学版），1992 (01)：45—54.

[136] 王润，张增田. 教科书评价运作机制：影响因素与现实路径 [J]. 教育理论与实践，2018 (10)：28—32.

[137] 侯前伟. 张增田. 教科书评价标准建构：功能、路径与展望 [J]. 当代教育科学，2019 (08)：61—68.

[138] 高凌飚. 关于教材评价体系的建议 [J]. 全球教育展望，2002 (04)：46—50.

[139] 高凌飚. 教材分析评估的模型和层次 [J]. 课程·教材·教法，2001 (03)：1—5.

[140] 高凌飚. 教材评价维度与标准 [J]. 教育发展研究，2007 (12)：8—12.

[141] 丁朝蓬. 教材评价的本质、标准及过程 [J]. 课程·教材·教法，2000 (09)：36—38.

[142] 丁朝蓬. 教科书结构分析与内容质量评价 [J]. 教育理论与实践，2001 (08)：61—64.

[143] 孙良同.《唐宋八大家文钞》成书探因 [J]. 飞天，2011 (06)：4—5.

[144] 习近平. 从延续民族文化血脉中开拓前进推进各种文明交流交融互学互鉴——

在纪念孔子诞辰2565周年国际学术研讨会暨国际儒学联合会第五届会员大会开幕会上的讲话（2014年9月24日）[J]. 党建，2014，(10)：4—7.

[145] 王当发，李德生.《九章算术》新论 [J]. 贵州文史丛刊，1993 (03)：54—56.

[146] 张传燧，石雷. 论课程与教学论的本土化 [J]. 教育研究，2012 (03)：82—87.

[147] 冯加渔. 课程研究的语言转向 [J]. 全球教育展望，2012 (08)：20—24.

[148] 苗建荣. 见闻之知：儒家知识论的经验之维 [J]. 自然辩证法研究，2019 (04)：89—94.

[149] 辛继湘. 课程评价改革的当代知识论基础 [J]. 课程·教材·教法，2005 (06)：17—20.

[150] 杨道宇. 事物本身：课程理解的真正对象 [J]. 教育科学，2012 (08)：21—25.

[151] 熊承涤. 清代前期的蒙学教材 [J]. 课程·教材·教法，1992 (03)：12—14.

[152] 曹培杰. 智慧教育：人工智能时代的教育变革 [J]. 教育研究，2018 (08)：121—128.

[153] 石鸥. 教科书的基本特征 [J]. 教育研究，2012 (04)：92—97.

[154] 石鸥. 最不该忽视的研究——关于教科书研究的几点思考 [J]. 湖南师范大学教育科学学报，2007 (05)：5—9.

[155] 石鸥，张文. 改革开放40年我国中小学教材建设的成就、问题与应对 [J]. 课程·教材·教法，2018 (02)：18—24.

[156] 范连众，孔心哲. 从关注学科知识转向关注核心素养的教科书的习题设计——基于对我国九个新版本初中数学教科书的调查 [J]. 中小学教师培训，2017 (10)：61—65.

[157] 王健，苑东，刘伟华. 科学教科书中科学史内容的表征——基于学科核心素养的视角 [J]. 教育科学研究，2019 (04)：47—52+72.

[158] 戴汝潜. 教会学生阅读学科教科书 [J]. 教育科学研究，2018 (08)：95—96.

[159] 华乐菲. 数字教科书在语文学科中应用的冷思考 [J]. 教育探索，2019 (06)：17—19.

[160] 温儒敏. "部编本"语文教材的编写理念、特色与使用建议 [J]. 课程·教材·教法，2016 (11)：3—11.

[161] 王本华. 构建以核心素养为基础的阅读教学体系——谈统编语文教材的阅读教学理念和设计思路 [J]. 课程·教材·教法，2017 (10)：35—42.

[162] 王本华. 从八大关键词看"部编本"语文教材的编写理念 [J]. 课程·教材·教法，2017 (05)：31—35.

[163] 吴立宝，王光明，王富英. 教材分析的几个视角 [J]. 教育理论与实践，2016 (23)：39—42.

[164] 漆涛. 隐于教材背后的儿童 [J]. 教育发展研究，2015 (02)：53—60.

[165] 张传燧．《教育史学》的反思与重构 [J]．华东师范大学学报（教育科学版），2001 (03)：81—86.

[166] 毕苑．中国近代教科书研究 [J]．教育学报，2007 (01)：79—81.

[167] 张传燧．本土课程与教学论：内涵、体系及其特色 [J]．湖南师范大学教育科学学院学报，2014 (01)：36—40.

[168] 戴元枝．徽州《六言杂字》：明清杂字教材的成熟之作 [J]．黄山学院学报，2015 (04)：11—15.

[169] 曾天山．国外关于教科书功能论争的述评 [J]．西南师范大学学报（哲学社会科学版），1998 (02)：18—23.

[170] 曾天山．我国基础教育教材改革问题探讨 [J]．教育研究与实验，1995 (03)：19—23.

[171] 曾天山．论教材的教学论基础 [J]．西北师大学报（社会科学版）1996 (02)：63—68.

[172] 褚小婧，张维忠．国外教科书研究的社会学转向述评与启示 [J]．现代基础教育研究，2018 (03)：127—133.

[173] 梅启波．文本概念在中国的传播与变异 [J]．哈尔滨师范大学社会科学学报，2011 (02)：150—155.

[174] 曹明海，赵宏亮．教材文本资源与教学内容的研究 [J]．语文建设，2008 (10)：4—6.

[175] 钟启泉．对话与文本：教学规范的转型 [J]．教育研究，2001 (03)：33—39.

[176] 刘振天，杨雅文．重建教学与人类知识史的结合——创新目标下的高校教科书改革 [J]．高等教育研究，2003 (05)：76—80.

[177] 吴洪成．学术思想视野下颜元著述史初探 [J]．社会科学论坛，2019 (06)：22—32.

[178] 黄毅．茅坤《唐宋八大家文钞》述评 [J]．古典文学知识，1997 (04)：111—116.

[179] 石玉．如何评价教科书文本内容的真假与去留？——教科书文本类型学初探 [J]．教育科学研究，2019 (07)：71—76.

[180] 刘丽群．从语言到话语：教科书文本分析的话语转向 [J]．教育学术月刊，2014 (06)：90—95.

[181] 冯铁山．论先秦儒家的诗间德育 [J]．教育研究，2009 (08)：97—103.

[182] 宋晔．隐喻语言的教育学意义 [J]．教育评论，2003 (01)：17—19.

[183] 孙慧玲．21世纪初传统蒙学出版情况研究 [J]．出版广角，2018 (03)：45—47.

[184] 杨道宇．论课程文本的意义与意味 [J]．全球教育展望，2013 (07)：26—33.

[185] 李健海，李荣英．《古文释义》优秀语言教育传统撷英 [J]．语文建设，2017 (13)：57—60＋76.

[186] 张岩. 致治之道千古一鉴一评《历代名臣奏议》 [J]. 职大学刊，1995 (04)：90—93.

[187] 钟志贤. 建构主义学习理论与教学设计 [J]. 电化教育研究，2006 (05)：10—16.

[188] 邝丽湛. 教材评价的本质及其价值分析 [J]. 教育研究，2002 (07)：33—36.

[189] 陈科华.《论语》文本书的几个问题 [J]. 云梦学刊，2020 (03)：70—83.

[190] 陈琦. 建构主义学习观要义评析 [J]. 华东师范大学学报（教育科学版），1998 (01)：61—68.

[191] 孙宏安.《九章算术》思想方法的特点 [J]. 辽宁师范大学学报（自然科学版），1997 (04)：286—291.

[192] 杨一凡. 明《大诰》的颁行时间、条目和诰文渊源考释 [J]. 中国法学，1989 (03)：114—119.

[193] O'Neill R. Why use textbooks [J]. Elt Journal，1982 (36)：104—111.

[194] Gilmore A. A comparison of textbook and authentic interactions [J]. Elt Journal，2004 (58)：363—374.

[195] Siegel A. What should we talk about? The authenticity of textbook topics [J]. Elt Journal，2014 (68)：363—375.

[196] Woody W D，Daniel D B，Baker C A. E-books or textbooks：Students prefer textbooks [J]. Computers & Education，2010 (55)：945—948.

[197] Weisberg M. Student attitudes and behaviors towards digital textbooks [J]. Publishing Research Quarterly，2011 (27)：188—196.

[198] Lockheed M E，Vail S C，Fuller B. How textbooks affect achievement in developing countries：Evidence from Thailand [J]. Educational Evaluation and Policy Analysis，1986 (08)：379—392.

[199] Butler Y G，Kang K I，Kim H，et al. 'Tasks' appearing in primary school textbooks [J]. Elt Journal，2018 (72)：285—295.

[200] Richards J C. The role of textbooks in a language program [J]. RELC Guidelines，2001 (23)：12—16.

[201] 顾月琴. 日常生活变迁中的教育明清时期杂字研究—— [D]. 华东师范大学，2009.

[202] 屈博.《孟子》教本书 [D]. 华东师范大学，2016.

[203] 曾天山. 基础教育教材若干理论问题研究 [D]. 西北师范大学，1995.

[204] 韩艳梅. 语文教科书编制研究 [D]. 华东师范大学，2005.

[205] 刘继和. 日本初中理科教科书设计研究 [D]. 华东师范大学，2005.

[206] 孔云. 文化视野中的地理教科书研究 [D]. 华东师范大学，2008.

[207] 乔辉. 语文教科书中学习活动的设计 [D]. 华东师范大学，2010 .

[208] 皇友衔. 中越两国初中语文教科书比较 [D]. 华东师范大学，2010.

[209] 罗晓慧. 民国时期小学音乐教科书研究（1912—1937） [D]. 华东师范大学，2014.

[210] 张金运. 课程知识的文化性研究 [D]. 陕西师范大学，2018.

[211] 章家谊. 基于观念结构分析的中国初中语文教科书批评语言学研究 [D]. 华东师范大学，2015.

[212] 曾家延. 活动理论视角下学生使用教科书研究 [D]. 华东师范大学，2016.

[213] 张绪忠. 民国历史教科书研究——以文化为中心的考察 [D]. 华东师范大学，2017.

[214] 肖振南. 台湾社会科教科书“国家认同”教育变迁研究 [D]. 华东师范大学，2017.

[215] 陈婷. 20 世纪我国初中几何教科书编写的沿革与发展 [D]. 西南大学，2008.

[216] 魏佳. 世纪中国小学数学教科书内容的改革与发展研究 [D]. 西南大学，2009.

[217] 沈林. 小学数学教师教科书解读的影响因素及调控策略研究——以西师版小学数学教科书为例 [D]. 西南大学，2011.

[218] 李佳. 高中物理教科书评价指标体系构建研究 [D]. 西南大学，2011.

[219] 杨慧娟. 高中数学新课程实验教科书使用调查研究 [D]. 西南大学，2011.

[220] 刘云. 高中数学教科书中探究内容的使用研究 [D]. 西南大学，2016.

[221] 赵长林. 科学课程及其变革的社会学审视 [D]. 湖南师范大学，2004.

[222] 刘丽群. 论知识准入课程中的国家介入 [D]. 湖南师范大学，2007.

[223] 李祖祥. 控制与教化——小学思品教科书研究 [D]. 湖南师范大学，2007.

[224] 吴小鸥. 清末民初教科书的启蒙诉求 [D]. 湖南师范大学，2009.

[225] 吴驰. 由“文”到“语”——清末民国中小学英语教科书研究 [D]. 湖南师范大学，2012.

[226] 刘斌. 从体操到体育——清末民国中小学体育教科书研究 [D]. 湖南师范大学，2011.

[227] 方成智. 艰难的规整 [D]. 湖南师范大学，2010.

[228] 王昌善. 我国近代中小学教科书编审制度研究 [D]. 湖南师范大学，2011.

[229] 李水平. 新中国教科书制度研究 [D]. 湖南师范大学，2014.

[230] 崔珂琰. 中国百年少数民族教科书政策研究 [D]. 湖南师范大学，2015.

[231] 任丹凤. 中小学教科书编制设计的理论与实践研究 [D]. 华东师范大学，2015.

[232] 李新. 中国百年乡土教材研究 [D]. 湖南师范大学，2011.

附录

一、明清官学主要教材目录

附表1　明清官学主要教材目录

类别	主要教材	编撰者	备注
经义类	《五经大全》	胡广	奉敕令修
	《四书大全》	胡广	奉敕令修
	《性理大全》	胡广	奉敕令修，明成祖亲撰序言
	《十三经注疏》	阮元	
律政类	《明大诰》	朱元璋	
	《大明会典》	徐溥、刘健等	奉敕令修，明代中叶修编
	《大明律》	朱元璋	
	《大清律集解附例》		清初制定的基本法律
礼制类	《皇明祖训》	朱元璋主编	朱元璋作序
	《大明集礼》	徐一夔、梁寅、刘于、周於谅等	奉敕令撰修
	《孝顺事实》	朱棣敕编	朱棣撰写评语，附诗赞
	《颜氏家训》	颜之推	
	《五伦书》	朱瞻基	
	《礼仪定式》	李原（礼部尚书）	
告诫类	《为善阴骘》		朱棣命近臣录之
	《说苑》	刘向	
	《贞观政要》	吴兢	
	《训士卧碑文》		礼部颁发学校禁例
	《历代臣鉴》	朱瞻基	
	《历代名臣奏议类》	黄淮、杨士奇	奉敕令编
文体类	《钦定四书文》	方苞	奉敕令编
	《文章辨体》	吴讷	
	《唐宋八大家文钞》	茅坤	

续表

类别	主要教材	编撰者	备注
	《古文辞类纂》	姚鼐编	
	《古文释义》	余诚选编	
	《古文关键》	吕祖谦编	
军事类	《孙子兵法》	孙武	
	《吴子兵法》	吴起	
	《司马兵法》	齐威王时诸臣	根据司马穰苴生前言行、思想追辑而成
	《李卫公问对》	存疑	
	《尉缭子》	尉缭	
	《太公六韬》	姜尚	
	《武备志》	茅元仪	
科技类	《九章算术》		成书于东汉初年
	《数理精蕴》	梅彀成主编	

二、明清书院主要特色教材目录

附表 2　书院主要特色教材目录

书院类别	主要教材	编撰者	备注
	《小心斋札记》	顾宪成	笔记，按年代编次
	《东林论学语》		高攀龙的讲义
讲求学理	《高子遗书》	门人陈龙汇编	依据《就正录》
	《关学篇》	冯从吾	
	《理学宗传》	孙奇逢收录	
讲求心学	《传习录》	王阳明弟子（徐爱等）	王阳明语录与书信
	《〈大学〉问》	王阳明	王阳明晚期主要思想
	《心性图说》	湛若水	
实学为主	《农政要务》	颜元	
	《宋元学案》	黄宗羲、黄百家、全祖望	
	《明儒学案》	黄宗羲	
	《易学象数论》	黄宗羲	
考据学派	《文选》	萧统组织编选	又称《昭明文选》
	《杜诗》		杜甫诗文集
	《昌黎先生集》	李汉编	韩愈所作
	《皇清经解》	阮元主编	
	《经籍纂诂》	阮元主编	
	《畴人传》	阮元主编	

三、明清蒙学主要教材目录

附表 3　明清蒙学主要教材目录

类别	主要教材	编撰者	备注
基础识字类	《三字经》	王应麟	
	《百家姓》	不详	
	《千字文》	周兴嗣	
	《魁本对相四言杂字》	不详	
	《六言杂字》	不详	
伦理规范类类	《弟子规》	李毓秀	
	《太公家教》	不详	
	《二十四孝图说》	不详	
	《孝经》		
	《小儿语》《续小儿语》	吕得胜、吕坤	
	《小学古训》	黄佐	
名物典故类	《幼学琼林》	程登吉	
	《龙文鞭影》	萧良有	
	《蒙求》	李瀚	
	《名物蒙求》	方逢辰	
	《书言故事》	胡继宗	
	《日记故事》	虞韶	
	《日记故事续集》	寄云斋学人	
	《童蒙观鉴》	丁有美	
	《鉴略妥注》		原《五言鉴》
诗歌作文类	《千家诗》	刘克庄编	王相对其进行了整理和选注
	《唐诗三百首》	孙洙编	
	《神童诗》	汪洙编	
	《声律启蒙》	车万育	
	《小学诗》	谢泰阶	
	《笠翁对韵》	李渔	
	《训蒙骈句》	司守谦	
	《叙古千文》	胡寅编	
	《古文观止》	吴楚材、吴调侯选编	
	《东莱博议》	吕祖谦	
	《小学稽业》	李塨	
	《算学启蒙总括》	朱世杰编	